11,92

COREIA DO NORTE

Título:
Coreia do Norte. A Última Dinastia Kim.

© José Duarte de Jesus e Edições 70, 2018

Revisão:
Edmundo Vale Cruz

Capa: FBA
Imagem de capa: © Kyodo News/Getty Images
Na capa: Desfile militar na Coreia do Sul por ocasião do aniversário do fundador do país.

Depósito Legal n.º 441100/18

Biblioteca Nacional de Portugal – Catalogação na Publicação

JESUS, Duarte, 1935-

Coreia do Norte: a última dinastia Kim. – (Extra-coleção)
ISBN 978-972-44-2112-4

CDU 327

Paginação:
MA

Impressão e acabamento:
PAPELMUNDE
para
EDIÇÕES 70
em
Maio de 2018

Direitos reservados para todos os países de língua portuguesa
por Edições 70

EDIÇÕES 70, uma chancela de Edições Almedina, S.A.
Avenida Engenheiro Arantes e Oliveira, 11 – 3.º C – 1900-221 Lisboa / Portugal
e-mail: geral@edicoes70.pt

www.edicoes70.pt

Esta obra está protegida pela lei. Não pode ser reproduzida,
no todo ou em parte, qualquer que seja o modo utilizado,
incluindo fotocópia e xerocópia, sem prévia autorização do Editor.
Qualquer transgressão à lei dos Direitos de Autor será passível
de procedimento judicial.

«Mas as nações da Ásia encontram-se sob a ameaça de misseis de médio e longo alcance já existentes. Quanto mais aumentar esta ameaça, mais aumentará dramaticamente o incentivo para países como o Vietname, a Coreia do Sul e o Japão se defenderem com os seus próprios meios nucleares » de procedimento judicial.

José Manuel Duarte de Jesus

COREIA DO NORTE
A última dinastia Kim

PREFÁCIO
António Caeiro

ÍNDICE

Agradecimentos 11

Prefácio 13

Nota prévia 21

Introdução 23

PRIMEIRA PARTE
CONTEXTO HISTÓRICO

1. Analisar o passado para compreender o presente 27

2. Um esboço da história milenar da Coreia 31

SEGUNDA PARTE
O PÓS-SEGUNDA GUERRA MUNDIAL

3. O início mítico da dinastia Kim: Kim Il-sung 43
   3.1. Syngman Rhee e Kim Il-sung: a génese de uma dinastia
        mítica 45
   3.2. A «Ideia JUCHE» 57
   3.3. A formação e a consolidação da dinastia: Kim Jong-il 59
   3.4. Kim Jong-un, o atual «imperador» Kim: criação de expectativas 68

4. A tentação nuclear: o programa KEDO 83
    4.1. A posição especial de Portugal junto de Pyongyang 90
    4.2. Macau 93

TERCEIRA PARTE

A AMEAÇA NUCLEAR HOJE

5. A Coreia do Norte e a ameaça nuclear atual 99
    5.1. O problema negocial: haverá uma «BATNA»? 106

ANEXOS

ANEXO 1 – Relatório da minha primeira visita oficial a Pyongyang 112

ANEXO 2 – Organograma do Comando Militar Norte-coreano ... 116

ANEXO 3 – Texto do chamado «Framework Agreement» (Acordo Base) entre os EUA e a Coreia do Norte, de 1994, que deu origem ao programa KEDO 118

ANEXO 4 – Apontamento de conversa que tive com Kim Young-nam, a 17 de maio de 1995 124

ANEXO 5 – Apontamento de conversa com o vice-ministro dos Negócios Estrangeiros norte-coreano, a 18 de maio de 1995 ... 128

ANEXO 6 – Nota oficial norte-coreana afirmando apoiar a candidatura de Portugal para o Conselho de Segurança da ONU 132

ANEXO 7 – Informação da CIA, de 18 de março de 1993, sobre a Coreia do Norte 134

ANEXO 8 – Conversações entre Madeleine Albright e Kim Jong-il, tidas a 23 e a 24 de outubro de 2000, segundo o livro de Madeleine Albright *Madame Secretary* 138

ANEXO 9 – Longo telegrama da missão diplomática norte-americana em Genebra sobre o estado das conversações bilaterais EUA/ /Coreia do Norte, de agosto de 1994 (Ref. 225927)........... 142

ANEXO 10 – Declaração conjunta entre o presidente da Coreia do Sul, Kim Dae-jung, e o Líder Supremo da República Popular Democrática da Coreia, Kim Jong-il, de junho de 2000 150

«Mas as nações da Ásia encontram-se sob a ameaça de mísseis de médio e longo alcance já existentes. Quanto mais aumentar esta ameaça, mais aumentará dramaticamente o incentivo para países como o Vietname, a Coreia do Sul e o Japão se defenderem com os seus próprios meios nucleares...»

HENRY KISSINGER, agosto de 2017, in *Heisenbergreport*

«Nos capítulos anteriores, enfatizámos repetidas vezes que os meios para a dominação total não são só mais drásticos, mas também que o totalitarismo diverge fundamentalmente de outras formas de opressão política que conhecemos, como o despotismo, a tirania e a ditadura. Onde quer que se tenha afirmado como poder, desenvolveu novas instituições políticas e destruiu todas as formas políticas sociais, legais e tradicionais do país. Independentemente da especificidade das suas tradições nacionais ou de fontes espirituais da sua ideologia, os governos totalitários transformam sempre classes em massas, suplantam qualquer sistema partidário, não por uma ditadura de partido único, mas por um movimento de massas, desviam o centro do poder das forças militares para as forças policiais e estabelecem uma política externa claramente dirigida para a dominação mundial.»

HANNAH ARENDT, *As Origens do Totalitarismo*

AGRADECIMENTOS

Os meus agradecimentos vão muito especialmente para a minha mulher, Henny Duarte, que não só teve a paciência de me aturar durante a elaboração deste livro como fez uma primeira revisão das provas; e ao meu amigo Embaixador Jorge Ritto, que fez uma segunda revisão de provas e tornou certamente o livro mais legível.

Não posso esquecer a amabilidade de sempre da Dra. Margarida Lages, diretora do Arquivo Histórico e Diplomático, e das suas infatigáveis colaboradoras, Manuela Bernardo e Fátima Coelho.

PREFÁCIO

Entre as dezenas de livros sobre a Coreia do Norte à venda na Amazon há títulos literalmente fantásticos: *O País Impossível, O Reino Sombrio, O Estado Monolítico, A Raça Mais Pura, O Último Paraíso*... A comparação com a ficção científica não é despropositada: «Sabe-se mais sobre Marte do que sobre a Coreia do Norte», comentou uma vez um observador americano. O embaixador português José Manuel Duarte de Jesus não poderá dizer o mesmo: ele esteve *lá*.

Caso raro na diplomacia europeia, em meados da década de 90, no espaço de dois anos, Duarte de Jesus deslocou-se três vezes a Pyongyang, onde teve «longas horas de conversa» com responsáveis norte-coreanos. «Eram conversas extremamente abertas, que às vezes duravam tardes inteiras, seguidas de jantar», recordou Duarte de Jesus numa entrevista publicada em janeiro de 2018. É incrível, mas aconteceu: Portugal chegou a ter «um relacionamento especialmente amistoso» com o país mais hermético do mundo: «Devíamos ser o único país da União Europeia com quem eles tinham relações, e relações boas».

Em 1996, por exemplo, a Coreia do Norte «apoiou imediatamente» a candidatura de Portugal ao Conselho de Segurança da ONU. Numa nota enviada ao Ministério Português dos Negócios Estrangeiros, e que Duarte de Jesus inclui neste livro, o governo norte-coreano afirma estar «convencido de que Portugal se irá empenhar em ações destinadas a democratizar a ONU e a defender os interesses dos pequenos e médios países».

Duarte de Jesus foi embaixador na China durante quatro anos, entre 1993 e 1997, e, nessa altura, estava também acreditado na vizinha Coreia do Norte como embaixador extraordinário e plenipotenciário. A viagem de avião entre Pequim e Pyongyang demorava menos de duas horas. No plano político e social, porém, a distância era abissal. «Comparada com a Coreia do Norte, a China parece a América», dizia um diplomata latino-americano.

A China, que quarenta anos antes lutara ao lado da Coreia do Norte, estava a converter-se ao capitalismo, abrindo a sua economia ao investimento externo e à iniciativa privada. As palavras de ordem mais populares da nova política eram «Socialismo não é pobreza» e «Enriquecer é glorioso». A Coreia do Norte seguiu outro caminho.

«Numa sociedade socialista, a transformação do homem e a sua remodelação ideológica são mais importantes do que as condições materiais e económicas», defendia Kim Jong-il, o pai do atual líder, Kim Jong-un. Esta «ideia genial» está exposta num ensaio de 1994, *O Socialismo é uma Ciência*, cujo lançamento foi saudado em Pyongyang como «um grande acontecimento na História da Humanidade». O socialismo norte-coreano seria «o mais científico e viável do mundo».

No primeiro relatório sobre Pyongyang que enviou para Lisboa, e que está também reproduzido nestas memórias, Duarte de Jesus descreve assim o que viu: «A impressão geral é a de uma sociedade orwelliana (…). Parecia um cenário de uma peça de teatro bastante dramática.»

Um dia, os seus anfitriões conduziram-no até Panmunjom, no coração da zona desmilitarizada que há mais de meio século separa as duas Coreias: «Ao longo de uma autoestrada com cerca de 200 quilómetros, não me recordo de me ter cruzado com nenhum automóvel. Tomámos um café numa bomba de gasolina, que, estou convencido, deve ter aberto de propósito para nos receber.»

Antes de o Muro de Berlim cair, em novembro de 1989, Duarte de Jesus esteve colocado na Checoslováquia. Do chamado «campo socialista» conheceu também a Hungria e a República Democrática

PREFÁCIO

Alemã. A Coreia do Norte fazia parte do mesmo bloco, mas, segundo o diplomata português, «não tinha qualquer semelhança com aqueles países». Na referida entrevista, Duarte de Jesus é perentório: «Não se pode de maneira nenhuma configurar a Coreia do Norte como um país marxista-leninista. Mesmo na China de Mao Zedong, durante a Revolução Cultural, nunca houve a substituição de uma ideologia política por uma religião, que é isso que acontecia e está a acontecer na Coreia do Norte.»

A própria apresentação das cartas credenciais foi singular. O processo começou no final de 1993. Como manda o protocolo, as cartas eram dirigidas ao presidente norte-coreano, Kim Il-sung, pelo homólogo português (na altura, Mário Soares). Por «lapso administrativo», em vez de serem enviadas para Pequim, as credenciais seguiram para um país latino-americano e, entretanto, em julho de 94, Kim Il-sung morreu.

Pai de Kim Jong-il, o «Grande Líder» Kim Il-sung foi o fundador da República Democrática e Popular da Coreia (nome oficial da Coreia do Norte), em 1948, e o único presidente que a maioria da população conheceu. Duarte de Jesus nunca mais esqueceu o que a televisão norte-coreana disse sobre a sua morte: «Todas as aves pararam de cantar e o mar deixou de fazer ondas.»

Quando foi apresentar condolências na embaixada norte-coreana em Pequim, Duarte de Jesus perguntou em nome de quem deveriam agora ser reformuladas as cartas credenciais. «Em nome de Kim Il-sung», respondeu-lhe «tranquilamente» o embaixador norte-coreano, Chu Chang Jun, que o diplomata português visitava regularmente: «Kim Il-sung é eterno e será eternamente o nosso presidente.» (É verdade: nem o filho nem o neto de Kim Il-sung assumiram o título de Presidente da República.)

O protocolo português propôs a Pyongyang omitir qualquer nome nas cartas credenciais e escrever apenas «Ao Grande Líder». A proposta foi aceite e «seria também usada pelos outros embaixadores» que se encontravam na mesma situação. Duarte de Jesus acabou por entregar as cartas credencias a um vice-presidente da Assembleia Popular

Suprema, Li Jong-ok, em maio de 1995, e refere outra singularidade: após a apresentação das credenciais, «convidaram a minha mulher (Henny Duarte de Jesus) a assistir às primeiras conversações com Li Jong-ok, um procedimento único em toda a minha vida diplomática», anotou o diplomata.

Entre os seus interlocutores, Duarte de Jesus destaca o presidente da Assembleia Popular Suprema, Kim Yong-nam: «Ele disse-me que tinha vindo cinco vezes a Portugal e que conhecia bem o marechal Costa Gomes.» (O antigo presidente português visitou pelo menos uma vez a Coreia do Norte, no verão de 1995). Formalmente, Kim Yong-nam era a segunda figura do Estado norte-coreano, logo a seguir ao novo «Supremo Líder», Kim Jong-il, que Duarte de Jesus e outros embaixadores, incluindo os que residiam em Pyongyang, nunca chegaram a ver – «Era uma figura misteriosa, que não aparecia pessoalmente a estrangeiros e que estes só conheciam pela televisão e os jornais.» Constava até que Kim Jong-il – pai do líder atual, Kim Jong-un – «sofria de alguma atrofia da fala».

Duarte de Jesus encontrou-se também com o ministro dos Negócios Estrangeiros em exercício, Kim Chang-ryong, que um dia lhe caracterizou o Japão, a Coreia do Sul, a China e os Estados Unidos como os «quatro grandes inimigos» da Coreia do Norte. Com Portugal era diferente: «Repetiram-me, várias vezes, que nunca tivemos qualquer atrito.» Pouco tempo antes, por «dificuldades orçamentais», a Coreia do Norte encerrara as suas embaixadas em Portugal e em mais treze países, mas segundo Kim Yong-nam indicou a Duarte de Jesus, «Kim Jong-il tinha o desejo de normalizar as relações com toda a União Europeia e gostava de contar com o apoio de Portugal».

Além do luto pela morte de Kim Il-sung, que duraria três anos, a Coreia do Norte vivia uma profunda crise económica. Ao colapso da União Soviética, de quem o país muito dependia, juntaram-se os efeitos diluvianos das cheias. Centenas de milhares de norte-coreanos – ou mais de um milhão, segundo algumas estimativas – morreram de fome durante os anos da «árdua marcha», como é designado o período de 1994 a 1998. (Em 2016, a economia norte-coreana cresceu

PREFÁCIO

3,9%, o valor mais alto desde 1999, mas, pelas contas da ONU, cerca de 40% da população – 10,3 milhões de pessoas – continua mal alimentada.)

Na capital, a crise não era «muito percetível», escreveu Duarte de Jesus para Lisboa: «Não há mendigos, não há velhos nas ruas. Quem sai deve, por lei, estar bem vestido.» Mas alguns sinais não enganavam: «As poucas lojas que se viam estavam totalmente vazias (…). Os carros agora quase não se veem.» À noite, «metade das ruas» ficava «mergulhada numa escuridão total para poupar energia». Fornecida outrora pela URSS, «em regime *barter*» (troca por outros produtos ou serviços), a energia devia agora ser paga em dólares, uma moeda pouco abundante nos cofres de Pyongyang. Mesmo assim, Duarte de Jesus constatou um «certo otimismo» entre os seus interlocutores.

O otimismo estava associado ao programa KEDO (Korean Peninsula Energy Development Organization), acordado dois meses antes com os Estados Unidos, a Coreia do Sul, o Japão, a União Europeia e a Agência Atómica Internacional, e que visava responder às prementes necessidades da Coreia de Norte em matéria de energia. As revelações de Duarte Jesus acerca do KEDO constituem uma das grandes novidades deste livro.

De acordo com aquele programa, a Coreia do Norte não renunciaria ao nuclear, mas em vez de continuar a produzir plutónio, material suscetível de ser usado no fabrico de armas atómicas, iria utilizar reatores de água leve (LWR). A Coreia do Sul era o maior financiador do programa, com cerca de 1500 milhões de dólares. O Japão e os Estados Unidos contribuiriam com 500 e 400 milhões, respetivamente, e a União Europeia com 122 milhões.

Único embaixador de um país da União Europeia residente em Pequim que estava acreditado em Pyongyang, Duarte de Jesus «era objeto de muitas perguntas» por parte dos seus colegas quando regressava da Coreia do Norte: «Todos acompanhavam com interesse o desenrolar do programa KEDO.» Com interesse e enorme espectativa. Se tudo corresse bem, «isso resolveria o problema nuclear e acabaria com o isolamento económico da Coreia Norte, que estava a causar uma grande fome». Parecia simples, mas as divergências não tardaram a aparecer.

A Rússia, que no tempo da União Soviética ajudara a Coreia do Norte a desenvolver o seu primeiro centro de investigação nuclear, quereria fornecer os novos reatores, enquanto os EUA apostavam em reatores fabricados na Coreia do Sul, «sob licença norte-americana». A Coreia do Norte, por sua vez, preferia reatores da marca *Siemens*, fabricados na Alemanha. «Eles não queriam ficar dependentes nem da Rússia nem dos Estados Unidos e pediram-me que fizéssemos o possível para que a União Europeia tivesse um papel mais ativo no KEDO», contou Duarte de Jesus. A UE não desempenhou esse papel: na altura, «não tinha nenhuma embaixada na Coreia do Norte e já começava a ter falta de uma política externa comum».

O «otimismo» culminou com a visita a Pyongyang da secretária de Estado norte-americana Madeleine Albright, em outubro de 2000, que foi, até hoje, o mais importante funcionário americano recebido na Coreia do Norte. «Os dois grandes memorandos assinados durante essa visita ainda estão classificados nos Estados Unidos, e, portanto, ainda não se tem acesso a eles. Mas pelo que a própria Albright já revelou, ela e Kim Jong-il chegaram a um entendimento bastante elevado, nomeadamente quanto à suspensão da venda de mísseis à Síria e ao Irão», referiu Duarte de Jesus.

Entretanto, houve o 11 de setembro, Bush colocou a Coreia do Norte no «eixo do mal», ao lado do Iraque e do Irão, e em 2005 o KEDO seria abandonado. No ano seguinte, pela primeira vez, a Coreia do Norte efetuou um teste nuclear e desde então fez mais cinco, o ultimo dos quais com uma bomba de hidrogénio, em setembro de 2017.

«Para nós, o programa nuclear é tão precioso como a própria vida», proclamou a agência noticiosa oficial norte-coreana KCNA. Sob a direção de Kim Jong-un, a Coreia do Norte testou também mísseis balísticos cada vez mais sofisticados, alguns dos quais teoricamente capazes de atingir a costa Leste dos Estados Unidos.

PREFÁCIO

Vinte anos após a sua passagem por Pyongyang, já aposentado do Ministério dos Negócios Estrangeiros, Duarte de Jesus continua a acompanhar a situação na Coreia do Norte e a sua conturbada relação com os Estados Unidos. «Hoje, o perigo de um conflito nuclear é maior do que no tempo da Guerra Fria», diz o antigo embaixador, citando o ensaísta Noam Chomsky. Um especialista chinês de Relações Internacionais, o professor Shi Yinhong, da Universidade Popular de Pequim, tem a mesma perceção: «As condições atuais na península coreana representam o maior risco de guerra em décadas.»

«A única alternativa é retomar uma negociação a sério», defende Duarte de Jesus, e acrescenta: «Não acredito muito no regime de sanções económicas. Não foi por causa das sanções económicas que a África do Sul deu a volta, mas por causa de dois homens (Nelson Mandela e Frederik de Klerk). E hoje, com a desregulação financeira existente, as sanções são mais fáceis de furar.» Duarte de Jesus sustenta que, apesar das sanções impostas pela ONU, a Coreia do Norte consegue financiar-se: «Se não houvesse financiamento, eles não teriam avançado tanto no domínio cibernético, por exemplo. Há financiadores da Coreia do Norte. Não se sabe de onde vêm, mas há. As redes financeiras são cada vez mais opacas.»

Na sua opinião, «ao contrário do que se passa na política interna, que é irracional, no plano externo, a dinastia Kim tem tido uma política racional e até bem-sucedida. Se não fossem racionais não se teriam aguentado até agora».

«Eles não obedecem a ninguém», diz Duarte de Jesus acerca dos líderes norte-coreanos. «O seu objetivo é iniciar um diálogo com os Estados Unidos e demonstrar aos vizinhos mais perigosos, como o Japão, por exemplo, que eles podem dialogar e ser parceiros de um Estado que é ainda a maior potência do mundo», refere a propósito.

Segundo Duarte de Jesus, «os Estados Unidos têm sempre uma intenção mais ou menos missionária» e, no fundo, «o seu principal objetivo é democratizar a Coreia do Norte». O antigo embaixador em

Pyongyang vê as coisas de outra forma: «Acho que o objetivo devia ser tornar a Coreia do Norte inofensiva do ponto de vista da energia atómica. Quanto à democratização do regime, devíamos deixar os norte-coreanos resolver o problema.»

ANTÓNIO CAEIRO

NOTA PRÉVIA

Este livro não é um trabalho académico. Trata-se antes de um ensaio sobre a Coreia do Norte e a sua situação atual. Propusemo-nos, assim, entrecruzar as duas vertentes: uma temática e outra cronológica, dando prioridade à primeira. O leitor desprevenido pode ter a noção de que saltitei de época em época, mas procurei manter uma linha mais coerente quanto aos temas abordados.

Penso que nunca escrevi um texto – fosse um livro ou um artigo – sobre um assunto que se estivesse a desenrolar tão dramática e aceleradamente, como é o caso da Coreia do Norte.

Para alguém com formação de historiador ou analista de relações internacionais, este facto cria um misto de responsabilidade acrescida com uma dificuldade para guardar sempre uma distância que permita manter a racionalidade nos juízos que se vão fazendo e que a evolução dos acontecimentos pode permanentemente desmentir.

Esta circunstância, porém, é permanente em toda a análise de situação em política internacional, embora, regra geral, seja diluída numa evolução mais lenta.

Assim, é importante reforçar a prudência de evitar fazer futurologia e concentrarmo-nos sobretudo na procura da compreensão serena dos contextos históricos, culturais e políticos do problema que estudamos, afastando-nos de todas as tentações das visões imbuídas em doutrinas filosóficas ou políticas, que, por norma, facilitam aparentemente as explicações através de esquemas prefabricados.

Tarefa difícil esta, mas que constitui um desafio que resolvemos aceitar.

INTRODUÇÃO

Coreia. Coreia do Norte. Pyongyang. Estas palavras são hoje em dia ameaçadoras e têm tido nos últimos tempos um efeito devastador na população mundial perante as notícias, independentemente de o seu meio de difusão ser escrito, radiofónico ou televisivo. Mais perturbador ainda será certamente o efeito destas palavras na população de Seul e nos países vizinhos, designadamente, na parte sul do mesmo país, a Coreia do Sul, hoje um território pacífico.

A Coreia é um país milenar. Há mais de 4000 anos o seu primeiro rei estabeleceu a capital em Pyongyang, onde mais tarde viveu uma civilização da raiz chinesa, assente em pilares confucionistas e daoistas. Aquilo que para o Ocidente sempre foi como que uma parte da mancha civilizacional chinesa, hoje é considerado uma ameaça nuclear de consequências imprevisíveis.

No decorrer da sua longa história, a Coreia sofreu divisões internas, mas nenhuma com o alcance daquela que sobreveio no fim da Segunda Guerra Mundial e que provocou uma das «guerras quentes» do chamado «período da Guerra Fria», época em que dois atores locais protagonizaram o drama da divisão da Coreia: Syngman Rhee e Kim Il-sung.

Não julgo possível que possamos compreender a questão das Coreias sem remontar à Conferência de Potsdam, de 1945. Nos nossos dias, a última dinastia, a das três gerações Kim, encarna um totalitarismo autista que, numa visão mítica do mundo, ameaça populações, países e a paz mundial.

A especificidade deste fenómeno – depois de uma pequena investigação histórica e da vivência de quem lá foi embaixador – é merecedora, julgo, de uma reflexão que procurarei fazer neste livro.

O problema da existência de duas Coreias constitui uma das heranças mais graves que resultaram do paradigma que sucedeu a Segunda Guerra Mundial. A sua evolução mostra de modo inequívoco como muitas das raízes históricas explicam a evolução dos acontecimentos até à atualidade.

E, independentemente da natureza das ideologias ou das «religiões» de cariz político, verdadeiras construções míticas e irracionais, todas podem conduzir a totalitarismos místicos suscetíveis de ameaçar a humanidade. Se não procurarmos compreender a natureza deste acontecimento e refletir sobre ele, será sempre em vão que iremos construir aparentes «soluções» políticas ou militares, que serão necessariamente circunstanciais.

Sou dos que pensam que quando queremos refletir racionalmente, e pondo de parte toda a circunstância emocional do «momento», sobre uma questão que toca a história da humanidade, não poderemos deixar de recorrer a uma análise serena dos antecedentes históricos, os quais podem frequentemente, na Ásia, recuar a fatores culturais muito antigos, embora modelados por enquadramentos recentes.

Mas, face à dinastia Kim e à sua análise política, também não posso esquecer longas conversas que tive com algumas das mais altas personalidades daquela constelação do poder, aparentemente monolítico, e que me pareceram apontar para soluções alternativas.

No entanto, permanecem grandes interrogações.

PRIMEIRA PARTE

CONTEXTO HISTÓRICO

1.

Analisar o passado para compreender o presente

A história da humanidade, nos seus diversos aspetos, que não são mais do que categorias mentais que o estudioso utiliza como metodologia, flui em permanência como toda a realidade que é objeto do nosso conhecimento.

Na evolução da história da humanidade, seja no que se designa por aspetos políticos, económicos, artísticos, religiosos, etc., há uma caraterística específica que se designa por «vontade», ou seja, a capacidade que a humanidade tem de influenciar a ponto de modificar uma evolução. Sem entrarmos numa análise filosófica profunda deste aspeto, parece-nos importante sublinhar esta diferença quando comparamos a evolução da humanidade, ou melhor dizendo, da sociedade humana, com a evolução permanente no domínio físico ou nos outros domínios das ciências da natureza.

Assim, ao procurarmos estudar e compreender de uma forma mais correta uma determinada sociedade, nas suas diversas vertentes, não podemos abstrair a envolvente cultural – nos seus mais amplos aspetos – que condiciona e é condicionada pela racionalidade, por componentes psicológicos, em suma, pela razão e a vontade.

Quando um político se debruça sobre um problema da história contemporânea, das relações entre os povos ou das nações, e se esquece das condicionantes a que acabamos de aludir, comete necessariamente erros de julgamento.

Ao referirmos estas circunstâncias nos nossos dias estamos fundamentalmente a falar de relações internacionais, mais propriamente, em política externa. Um político não tem de ser um historiador, nem talvez deva sê-lo, mas deve ter uma formação que lhe permita apreender muitos destes fatores para procurar o objetivo mais importante em política externa: assegurar relações pacíficas entre os povos e evitar o recurso à força e à guerra.

Nada disto é possível sem um recurso permanente à racionalidade, ao repúdio por todo o «fundamentalismo» doutrinário, seja ele de cariz político ou religioso. Neste contexto, poderemos passar a compreender melhor as diferenças culturais que separam os diversos países, estados ou mesmo grupos humanos dentro de um mesmo Estado.

O mundo caminha, desde que a humanidade existe, para uma globalização regional e progressivamente mundial. Esta evolução vai, cada vez mais e com maior velocidade, pôr em contacto grupos, nações, estados com longas histórias e tradições diversas que formataram de modo diferente as suas formas de pensar, de se exprimir em línguas de outra natureza, de agir. Este aspeto verifica-se numa maior permanência do pensamento mítico, religioso ou científico, mais nuns casos do que noutros. As próprias línguas e escritas constituem o suporte de muitas destas diferenças interculturais.

Como diplomata, posso afirmar que sem ter estes elementos em consideração não há negociações possíveis entre grupos diferentes e sem negociações não se conseguem soluções pacíficas para problemas internacionais.

Felizmente a história da humanidade está longe de se resumir à sua história política. Como diz Karl Popper, a história política ou do poder político «não é mais do que a história do crime internacional e dos massacres (incluindo, verdade se diga, algumas tentativas de os suprimir)»[1].

---

[1] Karl R. Popper, *The Open Society and Its Enemies*, vol. 2, pág. 104, Londres, Routledge & Kegan Paul, 1966. [Tradução portuguesa: *A Sociedade Aberta e os Seus Inimigos – Volume II: Hegel e Marx*, Edições 70, 2017]

Se quisermos fazer subir a prática política um patamar superior é preciso ter previamente em consideração os elementos que referimos. Quando procuramos estudar e compreender povos do continente asiático, entre eles os que têm um percurso histórico ligado à civilização e à cultura chinesas, como é o caso da Coreia, ainda é mais importante ter em consideração esta problemática.

Desde logo, a civilização chinesa e os povos que rodeiam a China e que são por ela influenciados desenvolveram certos paradigmas mentais muito ligados ao confucionismo e ao daoismo. Entre eles houve uma evolução diferente da do Ocidente no que respeita a passagem do pensamento mítico ao religioso, pois na civilização chinesa não encontramos religiões reveladas nem o fenómeno do profetismo. O legado confuciano preocupa-se muito mais com o homem e a sociedade do que com o transcendente. O daoismo aproxima mais o homem da natureza do que da especulação.

Por outro lado, a continuidade milenar da sua história, que não encontra paralelo na maior parte das outras culturas, cria uma noção de tempo bastante diversa da nossa.

Tenho estudado estes temas noutros escritos que publiquei e referido também como estes elementos se refletem em muitos outros aspetos da sua cultura, designadamente, nas formas de comportamento social, no modo de fazer política, na arte, etc.([2]).

Hoje, a sociedade epistémica ocidental está cada vez mais consciente destes aspetos da interculturalidade e de como eles se refletem nas relações económicas, nas formas negociais, etc.

Frequentemente, também o mundo empresarial, mais pragmático e menos preso a outras «circunstâncias» do que o mundo político, tem um maior realismo quando trata com o Oriente. Ao procurarmos analisar os fenómenos ligados à Coreia – ou às Coreias – pareceu-nos oportuno tecer previamente estas considerações.

([2]) Entre outros escritos, cito *Faces da China*, Inquérito, 2007.

2.

Um esboço da história milenar da Coreia

Em primeiro lugar, o povo coreano não é de origem Han, por outras palavras, não é etnicamente chinês. As suas raízes são mongóis. A história da Coreia – ou dos reinos ou estados da Coreia – remonta a mais de 3000 anos.

Grande parte, se não a totalidade, dos povos que se vieram a constituir como nações ou mesmo estados fazem recuar as suas origens a entidades míticas, que, por vezes, têm mesmo caraterísticas cosmogónicas. Um dos mitos que representam esta estrutura mental primitiva está na figura do *Pai Fundador* ou do *Rei Fundador*. Na maior parte dos casos, essa figura tem uma natureza divina ou semidivina.

Dada a proximidade geográfica, histórica e cultural da Coreia com a China, é interessante estabelecer comparações neste domínio. Os três reis míticos da China – ou pais fundadores – que correspondem ao mito do *Fundador,* são três seres humanos de inteligência extraordinária – em vez de entidades divinas ou demiurgos –, que lançaram os grandes fundamentos da civilização chinesa: Fu Xi, que domestica os animais e cria a família; Shen Nong, que inventou a agricultura, designadamente, o arado e a charrua; e o grande Huang Di, ou o imperador amarelo, que inventou o arco e a flecha, a escrita, o barco, entre outras coisas. Ainda houve mais dois, Yao e Shu, soberanos pré-dinásticos e criadores da nação e da cultura chinesa.

Todo este paradigma mítico da *fundação* poderá explicar o caráter não religioso do Confucionismo e da civilização chinesa, baseada na invenção tecnológica, na escrita, na agricultura e no controlo das inundações (problemas que se puseram a Yao e a Shu). A civilização chinesa valoriza o pragmatismo em detrimento da especulação metafísica ou dos paradigmas de religiões reveladas.

Qualquer destes monarcas míticos chineses teve como objetivo assegurar a paz das tribos Han contra as tribos «bárbaras» do Norte e da região da Mongólia.

Por sua vez, a Coreia tem um pai fundador, Tangun, uma figura mítica. Tangun, segundo a tradição, era neto do «Céu», que dera origem ao seu pai; também o apelidam «filho de um urso». Estamos neste caso face a um fundador demiurgo, como de resto acontece na maioria dos casos.

Segundo esta tradição mítica, Tangun fundou a nação coreana e criou a sua capital onde hoje se situa Pyongyang. Que se pensasse assim na época mítica e religiosa parece absolutamente normal. Que ainda hoje se pense assim, mesmo a nível académico, na Coreia do Norte, já parece altamente estranho, mas revelador da natureza do que se passa naquele país.

Toda a história antiga da Coreia assenta no velho manuscrito chamado *Dos Três Reinos* ou *Samguk Yusa*. Trata-se de uma obra atribuída a um monge budista chamado Iryon e datada de 1285, que afirma que o primeiro Estado coreano seria Choson, criado em 2333 a.C. pelo tal rei mítico e fundador, Tangun. O manuscrito está escrito em carateres chineses.

Esta versão ainda hoje é popular em ambas as Coreias e são conhecidas ruínas de cidades muradas, da idade do bronze, desde cerca do século xi a.C. No século v a.C., com a introdução do ferro a partir da China, assiste-se não só a um desenvolvimento tecnológico como se inicia o estabelecimento de laços com a China.

Resumindo, no século v temos o enorme Estado de Koguryo, que abrange a parte do Sul da Manchúria e do Norte da península coreana; e a sul, os pequenos estados de Silla e Baekje. Koguryo estabelece

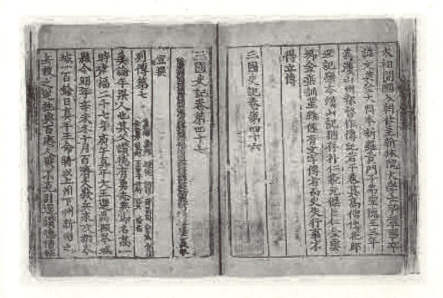

Dos Três Reinos ou *Samguk Yusa*, obra atribuída a um monge budista chamado Iryon e datada de 1285.

Imagem tradicional de Tangun.

a sua capital em Pyongyang no ano de 427. Curiosamente, também na China durante a dinastia Ming é publicado um livro chamado *Os Três Reinos*, atribuído ao escritor Luo Guanzhong (século XIV), que retrata o final da dinastia Han (206-220 d.C.) e que começa com a seguinte frase, que define muito a história da China: «O Império por muito tempo dividido tem de se unir; muito tempo unido tem de se dividir; e sempre foi assim.»

É na época que sucede a curta dinastia Han que as relações entre a Coreia e a China se iniciam e criam raízes que vão perdurar até aos nossos dias. A dinastia Han e o seu fundador, o imperador Qin, primeiro unificador do Império, o homem que mandou construir a famosa Muralha da China, unificador da escrita, dos pesos e das medidas, foi também o autor da primeira «revolução cultural» antes de Mao Zedong.

Contrariamente à tradição confucionista, de cariz pacífico, de harmonia social, Qin procura terminar com toda a tradição cultural, nomeadamente, mandando destruir em 213 a.C. todos os escritos clássicos de Confúcio e fazer tábua rasa do passado. Escaparam muitos textos que as famílias escondiam nos jardins das suas casas. Nasce nesta época o chamado legalismo confucionista, interpretação maquiavélica de Confúcio, que ajuda a fundamentar o primeiro governo burocrático do Império.

De resto, os historiadores chineses posteriores consideraram Qin um imperador cruel, megalómano e contrário aos pilares da cultura confuciana e daoista. Ele reinou de 221 a.C. a 206 a.C. e a dinastia terminou em 220 d.C.

Uma vez falando com Deng Lin, uma das filhas de Deng Xiaoping, quando comparava as muitas atitudes de Qin com as de Mao, ela comentou: «Hoje lembramos mais Qin como o grande unificador da China, da escrita, o construtor da grande muralha, etc., do que como o homem que quis destruir a tradição cultural e confuciana.» A memória histórica é seletiva.

É justamente durante este período agressivo e totalitário da governação Han que o imperador Wu Di, figura culturalmente mais

UM ESBOÇO DA HISTÓRIA MILENAR DA COREIA

marcante deste período, indo contra as tradicionais políticas de diálogo, submete territórios vizinhos pela força, estranhamente em nome do legalismo confuciano, como Lolang (Koguryo), o correspondente ao reino da Coreia do Norte.

Contra a grande ameaça vinda do norte, dos Xiongnu, a China, durante a dinastia Han, procura defender-se, enviando tropas na ordem dos 300 000 homens para o território dos Xiongnu e criando aliados na Ásia Ocidental e Central.

Uma corrente confucionista e de oposição à política militarista e hegemónica dos Han defendia a tese de que ela podia não ser duradoura a longo prazo e proclamava uma política de diálogo conciliatória, dentro do paradigma confuciano clássico, assim como a política interna dos monopólios governamentais que ignoravam o interesse das populações.

Foi neste contexto que a primeira política de força para formar aliados à volta da China contra as invasões de «bárbaros» do Norte e do Leste se vem a transformar em alianças, baseadas no princípio paternalista da rede de *países tributários* do Império, mas independentes, e que terá a sua expressão mais clara na Rota da Seda. Com esta política baseada no *soft power* do comércio e da cultura, a China ganha aliados, assegura o escoamento dos seus produtos de alta tecnologia, como a seda ou a laca, contra a importação de cavalos e armas, comprometendo-se o Império na defesa destes aliados, em caso de ataques externos.

Os ciclos fatais de *divisão/unidade* voltaram a assolar o Império e no século VI a China conhecia novas divisões sangrentas entre os reinos do Norte e os reinos do Sul. Cada um pretendia ser o mais legítimo herdeiro dos Zhou. É neste clima que surge a nova unidade com a dinastia mais cosmopolita da China – a dinastia Tang, com a capital, que foi, segundo muitos historiadores, a maior cidade do mundo de então, Chang´an, com talvez mais de um milhão de habitantes.

Nas vésperas da fundação da dinastia Tang, o imperador Wendi, da curta dinastia Sui, invade a Coreia com uma campanha militar que envolveu 1 132 800 homens[3]. Finda esta invasão, a Coreia deixou de ser parte do território do Império Tang, mas passou a integrar aquilo a que poderíamos chamar a grande área de influência cultural chinesa e que transcendia em muito as fronteiras do Império, pois além de incluir a Coreia incluía também a maior parte do Japão.

Na época Tang dá-se a gradual diminuição de estatuto social dos homens de armas e da aristocracia a favor dos eruditos. A verdadeira elite era a dos homens de qualquer classe social, que tivesse os graus superiores do sistema confuciano dos famosos «exames».

Como a aristocracia anterior não queria perder os privilégios das funções superiores da administração do Império, submete-se à carreira académica dos exames confucionistas e, assim, produz-se curiosamente um nivelamento de classes sociais pela cultura, um êxito notável e bastante singular da história da sociedade e da cultura chinesas.

A Coreia encontra-se, neste período, totalmente integrada no grande mundo da cultura chinesa, cada vez mais cosmopolita na época Tang.

Na capital Chang´an e na segunda maior cidade, Luoyang, encontramos muita elite social descendente de estrangeiros dos países vizinhos e tributários. Muitos eram os enviados especiais que vinham visitar o imperador, designadamente da Coreia.

A China deixa de se considerar como o único centro da civilização no mundo e reconhece os outros com religiões universalistas e com «escrita» e línguas «civilizadas».

Um dos grandes expoentes desta visão moderna do mundo – onde obviamente a China continuava a desempenhar um papel de equilíbrio –, defensora da ideia de que «aprender com o passado é ir mudando com os tempos», foi o escritor Du You (732-812), autor da volumosa história das instituições chinesas, *Tongdian*, que em duzentos capítulos toma como fulcro da sua mensagem globalista não os

---

[3] Segundo a *Cambridge Illustrated History of China*, Cambridge University Press, 1996.

rituais da corte, mas temas como alimentação, dinheiro, bem-estar do povo ou fontes de rendimento estatais, etc.

Outro dos grandes escritores desta época, Han Yu (768-824), termina um memorial que apresentou ao imperador e no qual defendia a laicização dos monges budistas e daoistas, bem como a conversão dos seus templos e mosteiros em habitações para os súbditos do Império.

No século XIII, os mongóis invadiram toda a China, dando origem às chamadas dinastias estrangeiras – Liao, Jin e Yuan – e subjugaram a Coreia em 1227. Mais tarde, já em plena dinastia Ming, o sistema tributário funcionou em benefício da Coreia, fiel país tributário da China. Entre 1592 e 1598, a Coreia é invadida por tropas japonesas e a China envia uma expedição marítima comandada por Zheng He para defender aquele país da agressão nipónica. Curiosamente, o exército japonês usou, julga-se que pela primeira vez, armas copiadas daquelas que foram utilizadas por portugueses.

Certamente que enormes despesas como esta no quadro da rede de países tributários, com a defesa do Império, não só do Japão como, entretanto, de países europeus, contribuíram para a *débacle* financeira da dinastia Ming.

Já na época da grande decadência da China, no séc. XIX, o Japão, depois de procurar anexar as ilhas Ryukyus, há muito tributárias da China, procurou obrigar a Coreia a «abrir-se», em 1876, tal como os Estados Unidos tinham feito com o Japão, poucos anos antes. A «abertura» não significando mais do que o início da demonstração da supremacia ocidental. No fundo, a estratégia japonesa seria a de provocar uma guerra com a China, aproveitando-se da sua enorme fraqueza.

Assim, conseguiu a famosa negociação totalmente humilhante para o Império Qing, com a cessão de Laodong e Taiwan, com a famosa indemnização de 200 milhões de onças de prata, etc.

Mas a história da China e da Coreia continuou ligada até aos nossos dias. Mao Zedong iniciou a ressurreição da dignidade chinesa, em 1948, depois de um longo pesadelo de humilhações. Este ressurgir não teve longa duração, pois viu-se obrigado a uma aproximação com Estaline e a URSS, na sequência do final da Segunda Guerra Mundial. Por conseguinte, a península da Coreia vê-se dominada a norte do paralelo 38 pela URSS e a sul pelos EUA.

As duas Coreias são disto um exemplo com repercussões até aos nossos dias. Antes de ter passado um ano depois da tomada de poder do novo governo de Mao Zedong na China, em junho de 1950, o Norte da península da Coreia invade o Sul e inicia-se a chamada Guerra da Coreia em que a China se vê, de novo, envolvida nos seus destinos.

Assim, a China, vendo que as tropas americanas se aproximavam das suas fronteiras, e consciente de que ela própria, grande país face à Coreia, se tornara um país de cariz comunista, decidiu num *low profile* inicial enviar uma série de voluntários sob o comando de Peng Dehuai atravessar secretamente o rio e surpreender as tropas americanas perto de Seul. A China acabou por enviar 2 500 000 homens para a guerra, tendo as negociações para a paz só terminado em 1953.

A guerra foi, em grande parte, o resultado de posições divergentes dos vencedores da Segunda Guerra Mundial, manifestas na Conferência de Potsdam e nas subsequentes Conferências dos Ministros dos Negócios Estrangeiros.

Assim, os Aliados e a URSS mantiveram as suas esferas de poder nos territórios que estavam sob as suas influências na altura do final da guerra.

Como Kissinger aponta, a Guerra da Coreia surge de vários equívocos, circunstâncias e declarações precipitadas: os Estados Unidos declararam publicamente que a Coreia estava fora do chamado perímetro de defesa americano, de onde as tropas americanas já haviam saído, por ordem de Truman. Através da voz do general MacArthur, em 1949, reafirma-se essa circunstância; além disso, acresce o facto de a maior potência do extremo Oriente, a China, se ter tornado comunista com Mao Ze Dong e de isso não ter provocado reação maior por parte dos Estados Unidos.

UM ESBOÇO DA HISTÓRIA MILENAR DA COREIA

Estes factos levam Kim Il-sung, na altura na URSS, a pensar tratar-se de uma operação com poucos riscos e, admite-se, face a comentários de Khrushchov, que dessa circunstância não teria obtido reação negativa de Estaline. Neste sentido, com a Guerra da Coreia inicia-se o protagonismo do líder Kim Il-sung.

Em suma, os destinos da Coreia, ou das Coreias, e o envolvimento da Coreia no mundo histórico e cultural da China começou há cerca de dois mil anos e ainda hoje não podemos falar da Coreia sem ter em consideração estas circunstâncias históricas.

SEGUNDA PARTE

O PÓS-SEGUNDA GUERRA MUNDIAL

3.

O início mítico da dinastia Kim:
Kim Il-sung

Como se referiu anteriormente, se toda a lenda mítica do Rei Fundador, Tangun, parece normal na época proto-histórica e na Antiguidade, julgo interessante aludir a alguns factos situados entre os anos 90 do século xx e os dias de hoje, demonstrativos de que na Coreia do Norte a continuidade da mentalidade mítica continua a sobrepor-se ao racionalismo.

Se estes factos que passo a citar têm que ver com a figura de Tangun, explicam muito do que se vem a passar politicamente com o início e a estrutura da dinastia Kim. Julgo interessante aludir à forma como o Doutor Pak Jin Uk, investigador do atual Instituto da Academia de Ciências Sociais de Pyongyang e homem implicado no atual esforço «científico» da Coreia do Norte para fazer reviver a figura de Tangun, começa, num dos seus textos, por o apelidar de «filho do Céu»([4]).

Desde os anos 90 do século xx que o governo norte-coreano tem envidado grandes esforços para encontrar o túmulo e o esqueleto de Tangun e da sua mulher, dedicando-lhe um enorme monumento de alto significado político.

([4]) Nos textos ingleses da Coreia do Norte o autor usa a expressão «Pampam of heaven».

COREIA DO NORTE – A ÚLTIMA DINASTIA KIM

É interessante analisar como os textos pseudocientíficos das mais altas instâncias académicas norte-coreanas pouco se afastam dos textos mítico-religiosos com forte componente política. Permito-me citar a propósito um texto de 1994, da Academia de Ciências Sociais, onde se lê: «O nosso povo orgulha-se de uma história de 5000 anos e é um povo rico e com uma brilhante cultura. Os 5000 anos de história da nossa cultura tiveram início com a fundação do Estado de Tangun.» Mais adiante, continua: «Kim Il-sung, dadas as deturpações e atos de destruição de provas cometidos pelos caluniadores e historiadores ao serviço dos imperialistas japoneses...» ordenou que fosse aberto o túmulo de Tangun.

Assim, grande número de «cientistas», professores e investigadores iniciaram os trabalhos e teriam conseguido reconstruir antropologicamente a face e as formas do rei e da sua mulher, datando o ano da fundação do Estado por Tangun de 2333 a.C.

Para terminar este episódio e avaliar o caráter «científico» dos métodos utilizados, permito-me, mais uma vez, citar uma declaração da Academia de Ciências Sociais e Humanas de Pyongyang, de 1994: «Os nossos académicos, cujo dever é estudar e exaltar a história da nossa nação, estão firmemente dispostos a prestar a sua lealdade, a sua sabedoria criativa ao estudo de Tangun e à história da Coreia na base da metodologia JUCHE e segundo a orientação indicada pelo Camarada Kim Il-sung...»([5]).

Julgo que terá interesse aludir ao facto de alguns «historiadores» norte-coreanos pretenderem hoje afirmar que Tangun pertenceria à tribo Kim, elemento importante para entender a génese mítica da nova dinastia.

([5]) Citações retiradas do livro *Tangun Founder King of Korea*, Foreign Languages Publishing House, Pyongyang, Coreia, 1994.

O INÍCIO MÍTICO DA DINASTIA KIM: KIM IL-SUNG

Aspeto do atual monumento a Tangun, em Pyongyang, que ocupa uma área de 47 hectares.

3.1. Syngman Rhee e Kim Il-sung: a génese de uma dinastia mítica

Finda a Segunda Guerra Mundial, estabelece-se uma fronteira provisória entre o Norte da península coreana, que havia sido ocupado pelo Japão, e o Sul, que seguia o paralelo 38. Com o início e o estabelecimento do paradigma da Guerra Fria, ao norte do paralelo 38 instala-se a zona de influência soviética e a sul do referido paralelo instala-se a zona de influência americana. Cada uma destas zonas procura prefigurar a representatividade nacional da nação coreana.

Depois do início da Guerra da Coreia, em junho de 1950, e do fim do conflito, com o armistício de 1953, esta linha de fronteira tornou-se na chamada zona desmilitarizada, uma faixa que envolve o aludido paralelo 38 e que até aos nossos dias continua a dividir aquela península em duas Coreias: a Coreia do Norte e a Coreia do sul.

COREIA DO NORTE – A ÚLTIMA DINASTIA KIM

Não obstante estes factos, poderá ser útil para alguns dos nossos leitores apontar sumariamente determinadas etapas dos acontecimentos que precederam a entrada de Kim Il-sung na cena política da parte Norte da península coreana, designadamente, no papel que, já nessa altura, a China de então desempenhava.

Já em 1943, Roosevelt, Churchill e Chiang Kai-shek anteciparam uma futura independência da Coreia num cenário de pós-guerra. Esta ideia teve mais tarde o acordo tácito de Estaline, durante a Conferência de Potsdam.

Talvez por iniciativa americana anteviu-se mesmo a ideia de uma futura Coreia independente, mas sob uma tutela, temporalmente limitada, dos quatro aliados na região, designadamente, os EUA, a URSS, a China e o Reino Unido. Esta solução, apesar da posição da URSS, sempre contou com a oposição do Partido Comunista coreano.

No final de 1945, houve mesmo um acordo provisório entre os EUA e a URSS que levaria à preparação de eleições para a constituição de uma nova Coreia unificada no concerto das Nações.

A Assembleia Geral da ONU adotou, em 1947, a solução de organizar sob o seu controlo – UNTCOK([6]) – eleições gerais na Coreia do Sul, de onde resultou uma constituição e a eleição de Syngman Rhee como presidente em 1948.

O início da vida da Coreia, antes da guerra de 1950, não foi brilhante. Syngman Rhee tinha a total proteção dos Estados Unidos, era amigo do general MacArthur, um anticomunista declarado, e exercia o seu poder de forma despótica, tendo sido o presidente durante o período da Guerra da Coreia.

MacArthur ganhou três eleições, tendo a última sido altamente contestada. No paradigma da Guerra Fria que se vivia nos anos seguintes ao fim da Segunda Guerra Mundial, encarnava uma figura típica da direita capitalista e opressiva.

Uma forte revolta que teve início no meio estudantil, mas que contou com o apoio do mundo académico em geral, obrigou-o a fugir

---

([6]) United Nations Temporary Commission on Korea.

O INÍCIO MÍTICO DA DINASTIA KIM: KIM IL-SUNG

Syngman Rhee (1875-1965), primeiro presidente da Coreia do Sul.

do país, fazendo-o, segundo muitos diplomatas americanos, com a ajuda da própria CIA, em 1960, refugiando-se posteriormente em Honolulu, onde vem a falecer, em 1965.

Desde o início da reconstituição do país que o Partido Comunista coreano, perseguido no Sul pelo governo de Syngmann Rhee, desempenha na parte Norte um papel importante, onde, na primeira fase, ainda se encontram estacionadas as tropas soviéticas. É precisamente nesta conjuntura internacional e coreana que surge a figura carismática de Kim Il-sung, que tinha regressado da URSS ao seu país natal. Nos finais de 1948, quando reconhece a República Popular e Democrática da Coreia, a URSS retira as tropas de ocupação da região do Norte da península.

Num quadro da existência de dois estados *de facto*, embora não reconhecidos como tal pelas Nações Unidas, o Norte invade o Sul em

1950, por iniciativa política de Kim Il-sung, facto ao qual Estaline – seu exemplo e protetor – não se opôs declaradamente.

Como se referiu mais atrás, a Guerra da Coreia não só resultou em grande parte de um conjunto de perceções erradas, como acabou por não ser mais do que uma cena do teatro de operações bélicas dos dois blocos que constituíam os pilares do paradigma da Guerra Fria e que, como tal, nada resolveu até aos nossos dias.

Quando as tropas americanas invadem a Coreia do Norte, em junho de 1950, depois integradas numa força conjunta das Nações Unidas, é importante sublinhar que a resolução do Conselho de Segurança que aprova a intervenção – e que teve lugar pouco depois de os americanos já terem tomado ação – se processou na famosa ausência do representante da URSS.

Na China, por seu lado, Mao Zedong, a 28 de junho, declarou que «...os assuntos da Ásia devem ser geridos pelos povos asiáticos e não pelos Estados Unidos», e, a 6 de julho, o ministro dos Negócios Estrangeiros chinês, Zhu Enlai, enviou um telegrama ao então Secretário Geral das Nações Unidas, Trygve Lie, declarando que a resolução do Conselho de Segurança das Nações Unidas «sob a instigação e manipulação dos Estados Unidos pedindo aos estados- -membros para ajudarem a Coreia do Sul, apoiando a agressão armada americana, constitui uma intervenção nos negócios internos da Coreia e uma violação à paz mundial. Esta resolução, tendo sido tomada na ausência das delegações da República Popular da China e da URSS, é obviamente ilegal...»

A China propõe então uma solução «justa e razoável» para a questão coreana e a URSS propõe a 4 de agosto um cessar-fogo imediato, a retirada de todas as tropas estrangeiras e o início de negociações com a presença da RPC.

Sem querermos fazer a história das negociações que levaram ao armistício que terminou com a consolidação da divisão das duas Coreias, afigura-se-nos interessante apontar as seguintes primeiras etapas, como hoje são analisadas pelo Ministério dos Negócios Estrangeiros chinês: o embaixador soviético junto das Nações Unidas,

O INÍCIO MÍTICO DA DINASTIA KIM: KIM IL-SUNG

Kim Il-sung trabalhando no seu Gabinete.

numa alocução num programa de rádio patrocinado pela própria ONU, propôs como primeiro passo para a resolução do conflito uma negociação de cessar-fogo imediato e a retirada de todas as tropas do paralelo 38. Esta proposta foi imediata e publicamente aceite por Pequim.

A 30 de junho, o comandante-em-chefe das forças das Nações Unidas, o general Matthew Ridgway, propôs imediatas negociações para um armistício ao Exército Popular da Coreia (da Coreia do Norte) e ao corpo de voluntários chineses. A 7 de julho, Kim Il-sung e o general Dehuai, que comandava o aludido corpo de voluntários, aceitaram e as negociações começaram a dia 10([7]).

Antes de se evocar Kim Il-sung, sublinhe-se que ambas as Coreias só se tornaram membros das Nações Unidas – embora com limitações de reconhecimento por parte de certos estados – no ano de 1991([8]).

([7]) *Diplomacy of Contemporary China,* New Horizon Press, Hong Kong, 1990.
([8]) Resolução 46/1 da Assembleia Geral por proposta do Conselho de Segurança.

Kim Il-sung, o demiurgo para a posteridade.

A vida de Kim Il-sung é hoje já conhecida: criou na sua fase de juventude condições especiais que ajudam a explicar a sua ascensão política e o papel que veio a desempenhar como ator importante na cena internacional. Kim Il-sung nasceu na Manchúria, em 1912, para onde os seus pais haviam fugido dos japoneses. Só se filiou no Partido Comunista depois de ter sido convidado pelos militares soviéticos a participar nas forças armadas da URSS, onde chegou a comandante do primeiro batalhão coreano da 88.ª Brigada da URSS, antes de regressar no fim da guerra a Pyongyang[9]. Aos 36 anos torna-se

---

[9] Vide Andre Lankov, *The Real North Korea*, Oxford University Press.

primeiro-ministro da Coreia do Norte e no ano seguinte líder do Partido Coreano dos Trabalhadores, tendo, como tal, permanecido presidente até 1994. Este partido irá funcionará como a igreja que o santificará enquanto entidade divina, criadora da doutrina Juche, de onde emanará a nova dinastia Kim.

Do ponto de vista interno do partido, começa-se por eliminar todos os «cismáticos» da doutrina oficial – a purificação da fé – e vai-se suprimindo gradualmente as oposições externas ao partido. A sua família é transformada num arquétipo sagrado, como veremos mais adiante. De resto, a sua primeira mulher, Kim Song-ae, e os parentes próximos vão parcialmente constituir a «nobreza» poderosa do regime.

Quando estive em Pyongyang, Kim Song-ae era uma figura ativa. Foi vice-presidente e mais tarde presidente da Liga Democrática das Mulheres da Coreia do Norte e desempenhou funções durante largos anos. Pessoalmente, apercebi-me, com estranheza, da natureza mítica do regime e da natureza «divina» de Kim Il-sung quando supostamente lhe iria entregar as minhas cartas credenciais como embaixador de Portugal.

Uma vez que estava acreditado como embaixador residente em Pequim, visitava com regularidade o meu colega norte-coreano Chu Chang Jun, até que, em dezembro de 1993, o visitei para lhe anunciar que iria finalmente receber as cartas credenciais e combinar a minha ida a Pyongyang para as entregar a Kim Il-sung e finalmente ser lá acreditado como embaixador de Portugal. Na realidade, por um lapso administrativo, as minhas cartas credenciais tinham sido enviadas para um país da América Latina, facto que atrasou muito a minha possibilidade de entregá-las e assumir oficialmente funções.

Também as demoras dos serviços do protocolo de Pyongyang não ajudaram e, neste impasse, o presidente Kim Il-sung morre, inesperadamente, com 82 anos, a 7 de julho de 1994, pouco antes de estar já programada a minha ida a Pyongyang para apresentar credenciais.

Quando fui apresentar condolências e procurar saber junto do meu colega embaixador norte-coreano em nome de quem deveriam ser agora reformuladas as cartas credenciais, o meu colega, para meu espanto, responde-me tranquilamente que as credenciais serão sempre entregues em nome de Kim Il-sung. «Kim Il-sung é eterno e será eternamente o nosso presidente, a Coreia do Norte não terá outro», acrescentou.

O meu colega tinha razão, pois Kim Il-sung é ainda hoje o presidente da Coreia do Norte, uma vez que nenhum dos seus sucessores está constitucionalmente autorizado a usar o título de presidente.

A partir daqui, e tendo visto as emissões da televisão norte-coreana relatarem a morte de Kim Il-sung, afirmando que os pássaros no país deixaram de cantar durante três dias, assim como as ondas do mar deixaram de se formar junto à costa durante igual período, percebi, de um modo direto, que o país estava a viver a morte de uma divindade, eterna por natureza, que era o seu presidente e fundador mítico de uma nova dinastia – a dinastia Kim.

Nesta situação encontravam-se mais dois embaixadores, embaraçados com a proposta de Pyongyang. Depois de alguns telefonemas com o presidente Mário Soares sobre o assunto – que, com o seu habitual sentido de humor, me disse uma vez «olhe, vá ao mausoléu de Kim Il-sung, talvez ele tenha o braço de fora e entrega-lhe as Credenciais» – resolveu-se propor a Pyongyang omitir qualquer nome nas aludidas cartas e escrever somente «Ao Grande Líder...». A proposta foi aceite e acabou por ser usada pelos outros embaixadores que esperavam uma solução.

Acabei por entregar as credenciais a 9 de maio de 1995 a Li Jong Ok, vice-presidente do Presidium da Assembleia Popular e também o mais velho membro do Presidium do Comité Central do Partido dos Trabalhadores Coreanos.

Na altura, Kim Jong-il era uma figura misteriosa e não aparecia pessoalmente a estrangeiros, que só o conheciam através da televisão ou dos jornais. Entre alguns colegas residentes em Pyongyang constava que ele sofria de alguma atrofia da fala.

Onde o segredo impera os boatos pululam.

As longas conversas que tive com vários dos altos dirigentes do país, designadamente com Kim Yong-nam, ainda hoje a segunda figura na hierarquia do Estado, depois de Kim Jong-un, serão objeto de outro capítulo. Na fase inicial, Kim Il-sung, aluno dileto de Estaline, inicia a formatação do Estado da Coreia do Norte como um país satélite da URSS. Certamente que durante algum tempo se lhe teria posto o grande problema de saber se seria Moscovo ou Pequim o centro da verdadeira revolução mundial em que ele acreditou.

A sua formação militar, o conhecimento profundo da URSS e da RPC dão-lhe uma capacidade estratégica notável em política externa. Criando internamente uma forma, a que chamaria de meta-estalinista, que lhe assegura uma originalidade face aos dois grandes vizinhos, consegue dialogar com ambos e ultrapassar, sem danos internos, as evoluções profundas e diferentes que ambos os grandes vizinhos viveram. Assim sobreviveu com bastante autonomia até 1994, altura em que tanto a URSS como a nova RPC passaram a contar como parte dos seus quatro inimigos principais com os Estados Unidos e a Coreia do Sul.

Ainda em outubro de 1986, Kim Il-sung visita Moscovo e, muito embora o Kremlin lhe tenha assegurado o desejo de continuar as boas relações bilaterais, a elite de Pyongyang ficou altamente desconfiada da evolução das «ideias modernas» que sustentavam a *Perestroika*. Em suma, desiludido pelas evoluções dos dois grandes centros do socialismo universal, cria apressadamente uma nova ideologia baseada em vários princípios comuns, que, apesar de isolarem a Coreia do Norte, mantêm a sua independência. É no contexto deste isolamento cada vez maior que deveremos ver a tentação nuclear que vem a ser mais concreta na época do seu filho Kim Jong-il. Aqui, ao designar Kim Jong-il, cria aquilo que Michael Gorbachev veio a designar como a «primeira monarquia socialista»([10]).

([10]) Michail Gorbachev, *Errinnerungen*, Siedler Verlag, 1995.

COREIA DO NORTE – A ÚLTIMA DINASTIA KIM

Kim Il-sung, hábil estratega, convidou mais do que uma vez Gorbachev a ir a Pyongyang, visita que nunca ocorreu, o que não impediu que, a 4 de maio de 1988, o famoso ministro dos Negócios Estrangeiros, Kim Yong-nam, ao qual me refiro várias vezes neste trabalho, fosse visitar o Kremlin. Durante essa visita, Gorbachev procurou sublinhar os perigos da «Política do Novo Pensamento» (*Perestroika*) para Pyongyang, que seria uma nova via sem retrocesso, facto que o interlocutor norte-coreano «tinha apenas de aceitar a bem ou a mal».

Gorbachev acrescentou, durante a conversa, que a URSS normalizara as relações com a Coreia do Sul e iniciaria relações diplomáticas com aquele país.

A verdadeira evolução do conceito de líder incontestado e incontestável, à maneira de Estaline, para uma verdadeira idolatria do «semideus» pode considerar-se que tem início em 1981. Com ela surge em simultâneo a idolatria do seu filho Kim Jong-il, que aparece em quase todas as cerimónias com o pai. Este facto lança a primeira pedra na estrutura dinástica de um poder quase divino e hereditário.

É nesta altura que Kim transfere a sua habitação. Por ocasião do seu aniversário, é então construída a imensa nova residência, chamada Palácio da Longevidade, muito baseada, segundo se dizia, no palácio do imperador chinês Shi (que presumo referir-se então ao primeiro Imperador Han Qin Shi Huang).

Em 1994, um diplomata norte-coreano, que se exilou e fez carreira nalgumas capitais onde eu próprio servi (como Kinshasa), afirma que naquele ano haveria cerca de oitenta palácios e residências, tanto dele como do seu filho, Kim Jong-il([11]).

Depois da minha primeira visita a Pyongyang, ocasião em que apresentei as minhas cartas credenciais, mal cheguei a Pequim enviei um longo telegrama no qual tracei um quadro dessa experiência e que junto ao Anexo n.º 1.

([11]) Koh Young-hwan, *Wonderland,* The Institute of North Korean Affairs, Seul, 1994.

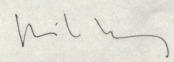

Uma das cartas credenciais dirigidas a Kim Il-sung
e que nunca foram utilizadas.

A minha entrega de credenciais em maio de 1995.

As primeiras conversações pós-credenciais com Li Jong-ok,
para as quais convidaram a minha mulher a assistir – procedimento único
em toda a minha vida diplomática.

3.2. A «Ideia JUCHE»

Todas as religiões ou doutrinas, nomeadamente as doutrinas políticas ou sociais, assentam num conjunto de princípios. Quanto mais mística for a doutrina, ou mais metafísica e, consequentemente, menos racionalista, mais irracional será o seu «catecismo». Do ponto de vista das grandes doutrinas políticas, pensamos designadamente no marxismo-leninismo, no nazismo ou até mesmo no jihadismo, entre outras, e vamos encontrar nas duas primeiras a metafísica hegeliana, assim como na última temos presente uma leitura fundamentalista de um livro sagrado – o Corão.

Estas religiões caraterizam-se por confundirem ciência e conhecimento racional com conjuntos pseudocientíficos, de caráter metafísico, ou, no caso do jihadismo, por confundirem «uma fé», o que, do ponto de vista epistemológico, são comportamentos mentais paralelos. Como já foi aqui referido, a mística da Coreia do Norte, que tem justificado a sua política despótica e ditatorial, assenta numa doutrina designada por JUCHE.

Procuremos penetrar um pouco neste corpo doutrinário. Há dois aspetos que devem ser distinguidos. O primeiro é o corpo doutrinal que lhe serve de apoio; o segundo é a mística irracional que daí decorre para justificar, por um lado, a ditadura interna, e, por outro, o nacionalismo exacerbado. Ambos estes aspetos, porém, como veremos, estão interligados na estruturação política.

Alguns dos princípios da doutrina JUCHE foram vagamente lançados, em Kalun, na China, em junho de 1930, numa reunião dos comunistas revolucionários coreanos, então em luta contra o imperialismo japonês. Há uma parte enorme desta doutrina que, por um lado, procura distanciar-se do marxismo-leninismo e, neste aspeto, parece querer libertar-se da dialética hegeliana, transformada, posteriormente, em dialética materialista, aceitando uma lei histórica metafísica. Assim, diz vir dar ao «homem» todo o poder do famoso triângulo *independência – criatividade – consciência*.

Mas depressa essa centralização no «homem» passou para as massas populares, noção que na doutrina JUCHE ultrapassa a classe operária como foi concebida por Marx e Engels no séc. xix.

Os doutrinários coreanos entram necessariamente num conjunto de auto-contradições, como é normal em todas as doutrinas irracionalistas. Por um lado, são as massas populares que constituem o motor da história e «a luta da humanidade é a luta das massas populares pela sua independência»; por outro, afirma-se que as ideias revolucionárias dependem dos seus líderes.

É de salientar que a ideia fundamental de Marx «proletários de todo o mundo uni-vos» cai completamente por terra, uma vez que, segundo o princípio JUCHE, depois da independência das massas populares passa-se para a independência em termos nacionalistas.

Kim Jong-il, repetindo, de resto, as palavras do seu pai, Kim Il-sung, declarou que o JUCHE ultrapassou o marxismo, colocando-o numa plataforma superior. Enquanto o marxismo foi uma forma que se adequava aos problemas do século xix, o JUCHE adapta-se à luta revolucionária coreana pelas massas populares e pela sua independência.

É neste enquadramento que devemos ler os teóricos coreanos a proclamarem, pela altura das comemorações do septuagésimo aniversário de Kil Il-sung, que o JUCHE deve penetrar toda a ideologia e a forma de pensar, assim como a independência:

- A independência na política, contra todos os servilismos externos.
- A independência económica pela autossuficiência.
- A independência pela autossuficiência no domínio da defesa.

Num mundo global parece difícil conceber uma autossuficiência económica e o mesmo acontece no caso da defesa, sem recurso a meios nucleares. Uma das ideias básicas é a de dar mais força à ideologia. Quanto mais forte for a ideologia mais forte é a fé e mais fraca será a racionalidade. É assim que, apesar da «independência» do «homem» ou das massas populares, verificamos uma ditadura feroz de um partido e de um líder.

É também assim que assistimos a afirmações como a da ideia de que o «líder é o cérebro das massas». Por outro lado, constitucionalmente, a Coreia do Norte tem uma «religião» única, como é consagrado no preâmbulo da sua constituição ou no seu artigo 3.º, no qual JUCHE é a ideologia do Partido dos Trabalhadores, partido único da ditadura da dinastia Kim.

3.3. A formação e a consolidação da dinastia: Kim Jong-il

Como se referiu anteriormente, com a indigitação por Kim Il-sung do seu filho Kim Jong-il como sucessor deu-se o que Gorbachev chamou «a criação de uma monarquia socialista». Quando a consolidação da «divina» dinastia exigia o desaparecimento definitivo de um membro incómodo, os métodos à maneira da velha dinastia Romanov eram correntemente aplicados. Refira-se o caso do primogénito de Kim Jong-il, King Jong-nam.

Em meados de 2009, cerca de dois anos antes de morrer, Kim Jong-il parece ter indicado claramente querer como sucessor na dinastia o seu filho Kim Jong-un em detrimento do primogénito, Kim Jong-nam. Pela Coreia do Sul, mas também através de diversas fontes de Macau, correu com insistência que Kim Jong-nam teria sido alvo de um atentado em território de Macau, o qual, graças à intervenção dos serviços secretos chineses, teria sido abortado.

A versão na altura difundida pela imprensa era a de que a operação secreta teria sido montada por um grupo próximo de Kim Jong-un, sem o conhecimento do seu pai, Kim Jong-il. A República Popular da China, porém, teria, face a este episódio e também face ao último ensaio nuclear coreano, feito um abrandamento nalguns planos de cooperação bilateral[12].

---

[12] Jornal de Macau *Ponto Final,* de 17 de junho de 2009.

Embora a Coreia do Norte sempre tenha negado a sua implicação nestes casos, o facto é que em fevereiro deste ano, como foi largamente noticiado, o mesmo Kim Yong-nam é assassinado no aeroporto de Kuala Lumpur antes de apanhar um avião para Macau. A mística macabra desta dinastia foi algo que tive a oportunidade de viver em várias ocasiões. Cenas verdadeiramente teatrais, como eu próprio e a minha mulher presenciámos depois da morte de Kim Il-sung, desde as lágrimas nos olhos ao choro compulsivo, eram um fenómeno que nos espantava, tanto em crianças da mais tenra idade como em adultos ou idosos, civis ou militares. Juntam-se aqui dois fenómenos: a fé e a lealdade elevadas ao mais alto nível – habilmente preparadas e trabalhadas pelo Departamento de Propaganda, para aquilo que se chamava então «acontecimento n.º 1».

Quando apresentei credenciais, segundo o protocolo vigente em Pyongyang, fui «apresentar cumprimentos» e colocar flores no mausoléu do recentemente falecido Kim Il-sung. Na escadaria, ao meu lado, estavam algumas senhoras de idade, várias com aparência de pessoas do campo, que choravam verdadeiramente, como se poderia imaginar numa peregrinação a um santuário de grande devoção. A minha mulher, ao visitar escolas primárias e creches, assistiu a cenas semelhantes, por parte de crianças muito jovens, perante o retrato de Kim Il-sung, mas facilmente, como autómatos que eram, sorriam ao cantar ou ao recitar poemas.

Segundo testemunhos norte-coreanos([13]), as pessoas faziam treinos de 8 a 12 horas por dia, acompanhadas de *slogans* sobre a fidelidade aos líderes que trouxeram felicidade e honra ao povo coreano e que, segundo a mesma fonte, acabavam por provocar reais estados emocionais de euforia ou de tristeza e choro. Afigura-se-nos interessante mostrar algumas imagens de escolas que a minha mulher e eu visitámos em Pyongyang. A aparente falsidade de muita da mímica das crianças, assim como o vestuário repleto de ostentação e riqueza, mostravam perfeitamente a encenação para aquela ocasião.

([13]) Refiro o livro de Koh Young-hwan.

O INÍCIO MÍTICO DA DINASTIA KIM: KIM IL-SUNG

Visita a uma escola primária em Pyongyang em 1995.

Visita a uma escola primária em Pyongyang em 1995.

Como já referi, num longo telegrama em anexo que foi enviado para as Necessidades procurei descrever a então capital da Coreia do Norte, semelhante a um palco onde se representava uma peça de teatro([14]). Era neste quadro quase religioso que existiam cinco grandes festas, no tempo de Kim Jong-il, que se revestiam de um caráter religioso: o 15 de abril, nascimento de Kim Il-sung; o 16 de fevereiro, nascimento de Kim Jong-il; o 26 de dezembro, nascimento da mãe de Kim Jong-il; o 9 de setembro, a criação da República Popular Democrática da Coreia do Norte; e o 10 de outubro, data da criação do partido. Entretanto, a festa de celebração do nascimento de Kim Il-sung passou a chamar-se «dia da festa do Sol» e o 16 de fevereiro passou a designar-se «dia do nascimento de Kim Jong-il» ou «dia da festa da estrela brilhante».

O dia do nascimento do atual Kim, Kim Jong-un, talvez por continuar envolvido em mistério, não é comemorado. Neste quadro,

---

([14]) Anexo n.º 1: AHD, telegramas recebidos, n.º 292, de 25.05.1995.

O INÍCIO MÍTICO DA DINASTIA KIM: KIM IL-SUNG

Kim Jong-il coloca a sua mãe no altar das divindades. Está sepultada no lugar de maior destaque, no Cemitério dos Revolucionários – Daesung-san – e nenhuma grande cerimónia fúnebre se processava, no tempo do seu filho, que não passasse pela sepultura da sua mãe.

A «fabricação» de uma dinastia levou Kim Jong-il a criar no partido um departamento especial – o Departamento 10 – sob a sua direção pessoal para controlar todos os elementos aparentados, por casamento ou outro laço, com os membros diretos da família dinástica. Como em muitas grandes dinastias – basta pensarmos naquelas que a antecederam e na própria dinastia Romanov, oriunda do seu grande vizinho a norte – as intrigas que frequentemente levaram ao crime eram práticas correntes. Julga-se que nessa altura a sua irmã (filha da mesma mãe), Kim Kyong-hui, e o marido seriam os membros da sua confiança na rede dinástica. O marido, Chang Song-taek, era, segundo constava, o verdadeiro número dois do regime. A divinização de Kim Jong-il continuou designadamente com a fabricação de variadíssimas lendas que circulavam entre a população. Entre muitas delas temos a lenda do *Duplo Arco-íris*, que apareceu por ocasião do nascimento de Kim Jong-il, ou a lenda das *Árvores de Cinza,* que germinaram na montanha de Baekdu, também por ocasião do seu nascimento.

Misturando as lendas, nas quais grande parte da população acreditava, com a superstição dos milagres – não podemos esquecer a imagem de jovens coreanas grávidas, que, ao passearem nos jardins da aldeia onde nasceu Kim Il-sung, passavam três vezes a mão sobre uma pedra onde se costumava sentar, facto que proporcionaria milagrosamente que a criança que viesse a nascer fosse do sexo masculino – e a construção de verdadeiros eventos alternativos criava-se assim a mística da dinastia quase sobrenatural.

Poderá ser útil para o leitor, que desconhece os mecanismos elaborados da divinização dos líderes, citarmos a propósito alguns exemplos que um ex-diplomata norte-coreano relata[15]: começaríamos por referir a famosa «Companhia de Criação Mansudae», onde

---

[15] Referido noutros capítulos: Koh Young-Hwan.

Depois da «deificação» do filho, os dois ditadores míticos enchem a grande praça.

trabalhavam mais de 2000 pessoas, entre artistas e operários, e que tinha exclusivamente por objetivo a elaboração de retratos, estatuetas, grandes estátuas do líder, assim como filmes e outras manifestações «artísticas» que ajudavam a divinizar os líderes.

Curiosamente, tanto a Companhia Mansudae como outras tinham e talvez tenham ainda e sempre uma *Secção n.º 1,* aquela cuja missão era a criação das imagens em papel ou em escultura de Kim Jong-il e do seu filho Kim Jong-un. Todos os que trabalhavam numa *Secção n.º 1* tinham direito a uma espécie de cartão de identidade especial que lhes dava algumas prerrogativas e um estatuto que lhes era conferido pelo Partido e que os obrigava a passarem um teste anual.

Faz parte da construção desta mística de divinização – mais do que uma imagem numa igreja católica – que a estátua fosse equiparada ao grande líder vivo, pois quando uma era transportada de um lugar para outro, nomeadamente quando saía da «fábrica» para o local onde viria a ser colocada, era acompanhada do mesmo modo – em termos protocolares e de segurança – como se se tratasse do próprio líder em pessoa.

No início da primeira década de 2000, havia cerca de uma centena de estátuas em locais públicos. Como se se tratasse de um oratório que existia nas antigas casas de famílias católicas ou de antigas escolas católicas no nosso país, as fábricas, escolas ou outros serviços públicos norte-coreanos têm uma ou mais salas de «meditação revolucionária», onde, em vez de um santo, tinham, antes de Kim Jong-un assumir o poder, uma pequena escultura ou retrato de Kim Il-sung e do seu filho.

Mas ainda mais impressionante era o número de «curadores» cuja missão era cuidar da preservação e do estado destas salas e que, segundo fontes coreanas, antes de Kim Jong-un assumir as rédeas do poder eram cerca de 180 000. A liturgia ia ao ponto de especificar a caixa e os utensílios que deveriam estar dentro dela, para o cuidado e limpeza do objeto de culto e devoção: a caixa deveria ter 60 por 70 cm e conter dois panos de veludo retangulares; três panos de nylon; uma toalha vermelha; dois panos de algodão amarelos; um escovilhão de penas de galinha; um papel vegetal transparente; um pano vermelho para a cobrir.

Ao referir-me a eventos alternativos – segunda realidade – aludia ao departamento do partido que tinha por função «criar» lojas alternativas, em determinados locais, com vendedores e clientes igualmente «alternativos», que montavam durante a visita de certas delegações estrangeiras, designadamente, japonesas([16]).

Creio que este tipo de construção alternativa pode ser ilustrado por dois episódios: uma viagem que fiz de Pyongyang a Panmunjeom num carro oficial, acompanhado por membros do Protocolo do Estado, e uma visita que a minha mulher fez a um hospital. Relativamente à viagem, a partir da capital do Norte a distância até Panmunjeom é de pouco mais de 200 km. Percorremos de carro uma excelente autoestrada onde não me recordo de ter visto mais nenhum veículo.

([16]) Estas circunstâncias constavam entre diplomatas estrangeiros e são confirmadas pelo já referido Koh Young-hwan.

Kim Jong-il.

Vislumbrava ao longe uma ou outra pequena aldeia e manifestei o desejo de poder visitar uma delas. Foi-me negado, pois não estava previsto e não havia autorização correspondente. Em determinada ocasião, parámos numa estação de serviço onde havia um pequeno bar. Tomámos qualquer coisa e descansámos um pouco. Não se via vivalma nem dentro nem perto da aludida Estação de Serviço, que, admito, pode ter sido expressamente aberta para nos acolher.

Quanto à visita da minha mulher a um hospital, ficou impressionada com alguns elementos essenciais. A limpeza e a ordem que lá reinava, além do equipamento *Siemens* em que reparou, uma vez que lhe pareceu bastante moderno, mas também a ausência total de doentes nas enfermarias. Podemos realmente, a partir destes dois episódios, ter estado face a duas construções alternativas da realidade.

Claro que a cidade de Pyongyang de hoje é diferente da cidade do final da década de 90 ou do início da década de 2000. Nos anos 90 não havia lojas e as poucas que se viam estavam totalmente vazias, como referi no relatório([17]). O facto de um coreano se cruzar no passeio com um estrangeiro levava-o, com frequência, a sair do caminho para evitar um contacto demasiado próximo. A situação que existe hoje é diferente.

Nas ruas de Pyongyang – contrariamente ao período das grandes crises e das fomes da década de 90 do século passado – hoje há movimento de veículos e algumas lojas. Foi precisamente quando estivemos mais vezes em Pyongyang, no ano de 1995, que tivemos ocasião de saber, através de canais não oficiais, o grau de miséria e de fome que grassava entre a população, especialmente a população dos campos.

Segundo um estudo que utilizou uma metodologia científica, aprovada pela John Hopkins Bloomberg School of Public Health, junto de 2692 dos refugiados norte-coreanos na China, entre 1994 e 1995, cujo número total pode ter atingido 150 000, a mortalidade, que se cifrava em 1993, era na ordem de 5.5/1000; em 1995 subiu para 16.2/1000, o que permite concluir destes estudos que as duas principais causas de morte eram o aumento rápido da má nutrição e das doenças infeciosas associadas a este facto([18]). Tudo isto não obstante o facto de no ano de 1995 a Coreia do Norte ter recebido a maior ajuda alimentar de sempre. Entre os diplomatas ali acreditados, designadamente aqueles que representavam países comunistas, corria a informação de que o governo não permitia um controlo real da sua distribuição, pensando-se que os militares eram de longe favorecidos na distribuição dos alimentos.

Kim Jong-il, que eu e vários dos meus colegas nunca vimos presencialmente, teria uma saúde frágil. A sua formação, como já referi, foi muito diferente da do seu pai. Kim Il-sung teve uma boa preparação militar soviética e chinesa, enquanto o seu filho estudou economia

---

([17]) Vide Anexo n.º 1.

([18]) Um estudo levado a cabo por Courtland Robinson, PhD; Myung Ken Lee, MD PhD; Gilbert Nurham MD PhD; Kenneth Hill, PhD.

marxista na Universidade Kim Il-sung e pensa-se que, durante a Guerra da Coreia, teria estudado também na China. Kim Jong-il nasceu em 1941 e era muito jovem durante a guerra. Quando assume as rédeas do poder, dão-se as principais condições do isolamento progressivo do seu país, bem como o rápido desmoronamento da União Soviética, o seu principal mentor económico, que já havia começado no tempo do seu pai. O advento das profundas transformações da nova China de Deng Xiaoping vai proporcionar o aparecimento de um pequeno grupo «revisionista» no interior da Coreia que ele se vê obrigado a aniquilar.

Pequim, em 1992, reconhece e estabelece relações diplomáticas com Seul. Pyongyang reagiu com alguma força a este facto; dado não ter sido previamente consultada, solicitou uma contrapartida de ajuda económica e não teria deixado de fazer uma ameaça velada de que se reservaria o direito de abrir diálogo com Taiwan[19]. Fruto deste progressivo isolamento, com uma crise económica interna profunda, o programa nuclear inicia-se, a nosso ver, precisamente desta forma.

Somente em 2009 se ouve dizer que Kim Jong-il indigitara o seu sucessor ao «trono» da dinastia Kim, alguém totalmente desconhecido nos meios diplomáticos e noutros, alguém geralmente bem informado: Kim Jong-un. Kim Jong-il morre em 2011. Ao que se sabe, de um ataque cardíaco.

3.4. Kim Jong-un, o atual «imperador» Kim: criação de expectativas

A continuidade da ditadura, das perseguições e da divinização permanece. O estilo de Kim Jong-un, porém, é diferente daquele que tinham o seu pai e o seu avô. A política externa e a ameaça nuclear continuam, mas estão agora transformadas num espetáculo mediatizado pela televisão a nível global. De resto, quando Kim Jong-il foi

---

[19] De acordo com fonte do Ministério dos Negócios Estrangeiros chinês.

O INÍCIO MÍTICO DA DINASTIA KIM: KIM IL-SUNG

empossado no seu terceiro mandato pelo parlamento norte-coreano, não havia certezas acerca de qual dos três filhos lhe sucederia, caso se voltasse a aplicar o princípio da hereditariedade a um regime comunista.

Estávamos perante três hipóteses: King Jong-nam, King Jong-chol ou King Jong-un. Para o primeiro foi encontrada uma solução drástica – a sua liquidação física – e entre os outros o escolhido foi o mais jovem. No entanto, já nessa altura os analistas não esperavam grandes mudanças. Natasha Malinda escrevia a propósito: «O que é quase certo é que, independentemente de quem Kim escolher como próximo líder, pouco irá mudar»[20].

Kim Jong-un, como todos os «soberanos» da dinastia Kim – com exceção do fundador – tem as suas origens envoltas em mistério. Nada fica melhor para enfatizar o caráter místico do Chefe Supremo. É efetivamente diferente do seu avô e do seu pai, tanto na formação como na aparência pública internacional, embora mantenha uma encarnação bastante perfeita do despotismo interno e da «mitificação» da personagem como líder. A sua aparência de jovem sorridente, onde transparece o gesticular e o riso de uma criança com qualquer problema psíquico, fazem os *media* internacionais perguntarem-se, face à aparente ameaça nuclear, se não estamos perante um meio louco, meio palhaço, a brincar com mísseis e armas nucleares. O contraste com a aparente seriedade e recolhimento do seu pai são evidentes.

Na tradição do pai, como referi, o seu nascimento está envolto em mistério. Sabe-se que estudou na Suíça, ao que parece sob um falso nome e passaporte, onde se tornou um entusiasta do basquetebol. Entre os seus amigos encontra-se o jogador americano Dennis Rodman, que, de resto, lhe fez uma visita a Pyongyang, largamente fotografada pela imprensa. A sua mulher, Ri Sol-ju, elegante e bem vestida à moda ocidental, aparece em público contrastando de forma evidente com as tradições dinásticas.

---

[20] Natasha Melinda: «North Korea and the Nuclear Threat», in *International Affairs*.

Kim Jong-un ovacionado pelas Forças Armadas.

Algumas das reformas que o líder introduziu no setor económico fazem Pyongyang ter hoje um aspeto diferente daquele que possuía nos anos do seu pai, quando lá estive várias vezes. Parte do comercio é privado e os quiosques das ruas da capital vendem alimentos com ar bastante ocidental. Não obstante estes factos, o totalitarismo despótico segue as pegadas dos seus antecessores. As purgas e condenações à morte de altas patentes militares ou membros da sua família são muitas.

Em primeiro lugar, Kim Il-sung preparou o filho para, desde o início, ter condições de controlar os militares, nomeando-o número dois da CMC – Comissão Militar Central –, ainda em 2010. Quando Kim Jong-il foi nomeado herdeiro, houve várias remodelações militares repetidas. Ao nível bélico, em muito pouco tempo, depois de assumir as rédeas do poder absoluto, substituiu cerca de 90% dos altos comandos militares, designadamente as quatro chefias de topo com o próprio ministro das Forças Armadas Populares que foi

O INÍCIO MÍTICO DA DINASTIA KIM: KIM IL-SUNG

substituído quatro vezes[21]); o diretor do Bureau Geral Político das Forças Armadas; o Chefe de Estado-Maior das Forças Armadas; e o diretor do departamento de operações do Estado-Maior. Mostrando a tentativa de submeter os militares ao partido, é de sublinhar a nomeação de um funcionário do partido, Choe Ryong Hae, como chefe do Bureau Geral Político.

Mas a frequência das remodelações criou necessariamente interpretações opostas, designadamente na Coreia do Sul.[22]

O ministro das Forças Armadas, Kim Kyok-sik, foi substituído por Jang Jong-nam. O mesmo Kim Kyok-sik é depois nomeado chefe do Estado-Maior. Após Kim Jong-un ter assumido o poder, o ministro das Forças Armadas foi substituído quatro vezes, passou de Kim Yong-chun para Kim Jong Gak, depois para Kim Kiok-syk, e, finalmente, para Jang Jong-nam e o próprio chefe do Estado-Maior foi igualmente substituído quatro vezes: de Ri Yong-ho, passando por Hyon Yong-chol, Kim Kiok-syk até Ri Yong-gil.

Houve duas interpretações decorrentes desta sucessão inesperada de remodelações: por um lado, a juventude e inexperiência do novo Kim deixam prever um caos e uma possível implosão interna, por flagrantes lutas de fações; por outro lado, todo este movimento aparentemente descontrolado mostra uma estratégia pensada que irá assim obter, através do partido, o controlo efetivo das Forças Armadas.

Segundo analistas sul-coreanos, esta segunda interpretação parece mais consistente. Uma consequência torna-se quase certa: a idade média dos comandos militares diminuiu, facto que os coloca na expectativa de promoções e dependência do chefe. Mas face a esta interpretação, parece legítimo perguntar quais as possíveis reações da geração mais velha. Kim Don-iub, à guisa de conclusão, diz que se a «teoria do colapso» lhe parece pouco provável, não é menos verdade que uma possível «luta pelo poder» interno está totalmente envolta em mistério.

---

[21] Ver Anexo n.º 2 com organograma do poder militar norte-coreano.

[22] Vide artigo de Kim Dong-Iub, no «Country Report 2014», do KDI, Universidade de Kyungnam.

COREIA DO NORTE – A ÚLTIMA DINASTIA KIM

Escrevia recentemente António Caeiro, jornalista que viveu longos anos na China e que esteve em Pyongyang: «Conspirar contra Kim Jong-un, ou simplesmente "não o aplaudir de todo o coração", é um crime que se paga com a vida.»[23]

A dimensão desbocada das suas afirmações ou declarações de caráter internacional só é comparável à do seu rival dos Estados Unidos da América, o atual presidente da maior potência mundial, Donald Trump. Curiosa comparação dadas as diferenças geoestratégicas mundiais – o enorme e rico potentado militar e geográfico face ao minúsculo país pobre, mas detentor de armas nucleares e sob o domínio de uma dinastia despótica e mítica.

Também à semelhança do pai o seu estado de saúde física é posto em causa, dada a sua obesidade, uma face que parece inchada e de «lua cheia», como referem alguns especialistas, como Evan Osnos[24].

Apesar de na Coreia, como na China, a longevidade ser um objetivo quase sagrado, com exceção do avô, que atingiu uma idade já respeitável, não foi o caso do pai e parece aposta não fácil de manter, quando se trata de familiares ou colaboradores do «divino líder», cuja vida depende em permanência da sua «boa vontade».

São já imensos os ensaios de mísseis balísticos de diversos níveis de alcance que Kim Jong-un tem enviado nos últimos tempos, causando fúrias teatrais ao líder da maior potência mundial, os Estados Unidos, e provocando reuniões de emergência do Conselho de Segurança das Nações Unidas. Em cada lançamento de um novo míssil, sempre largamente filmado, Kim Jong-un aparece com um ar de criança, saltando e rindo de alegria, como se tivesse recebido um brinquedo novo, ao que os militares próximos se associam em igual espetáculo.

Tratar-se-á de um louco, no sentido ocidental da palavra? De encenação estratégica, como toda a política coreana tem sido nas últimas décadas? Afigura-se-nos que vale a pena ler e pensar na interrogação

---

[23] Artigo do *Expresso*, Revista, de 16 de setembro de 2017.

[24] Conhecido jornalista do *New Yorker*, especialista na região e autor de vários livros publicados.

feita pelo analista Fareed Zakaria, em julho de 2017 – «Pensamos que a Coreia do Norte é louca. Mas e se estivermos errados?»([25]) – ideia que lhe serviu de título para uma análise particularmente interessante sobre o momento atual.

Julgamos ser impossível pensar na Coreia do Norte e na dinastia Kim sem ter em mente algumas ideias de quem, por referência sobretudo ao passado, anteviu os nossos dias, tanto no que toca ao terrorismo internacional como relativamente ao que se passa na Coreia do Norte. Refiro-me a Hannah Arendt. Refiro-me ao totalitarismo.

Hannah Arendt discutiu, a este propósito, três conceitos importantes – e se por vezes discordamos com parte do seu raciocínio, pensamos que foi ela quem, nos tempos modernos, melhor equacionou os conceitos de *poder*, *violência* e *terror* e, a partir deles, o que designou por *banalidade do mal*. A Coreia do Norte e a política da dinastia Kim são exemplos da prática destes conceitos. Quando Hannah Arendt escreveu o seu admirável livro *Origens do Totalitarismo* e citou Masaryk como aquele que se apercebeu, desde o início, de que o sistema bolchevique (enquanto sistema totalitário) era finalmente a completa ausência de sistema, alude ao facto de aquela falta de sistema criar em todos eles o problema da sucessão, e nessa época não tinha ainda como dado histórico a Coreia do Norte, acrescentando que ainda ninguém tinha recorrido à fórmula da sucessão hereditária.

Pois a dinastia Kim, que surgiu depois de Hannah Arendt ter escrito o seu livro, vem justamente criar esse sistema. Nesta sua obra a filósofa define o totalitarismo como a expressão do *Domínio Total* sobre a sociedade, sobre o homem como que num laboratório, pois o objetivo é criar um *homem único* numa igualdade total entre todos. «Fabricar algo que não existe», em suma, com o controlo de toda a espontaneidade. Depois do que descrevi anteriormente sobre as nossas experiências em Pyongyang, parece-nos difícil fazer uma

---

([25]) «Opinions», *The Washington Post*, 6 de julho de 2017.

COREIA DO NORTE – A ÚLTIMA DINASTIA KIM

melhor análise do que esta de Hannah Arendt na obra citada, uma vez que, ao refletir sobre *Poder* e *Violência*[26], a autora afirma que as relações atuais entre ambos vêm trazer um novo paradigma entre grandes estados e pequenos estados. Esta observação parece ter previsto casos como aquele que nos ocupa atualmente. Seguindo o seu pensamento, a autora sublinha que embora sejam conceitos diferentes, o Poder e a Violência aparecem frequentemente juntos, ainda que a Violência, como tal, ameace o Poder e surja normalmente com o enfraquecimento do primeiro; o Terror é a última arma da Violência, quando o Poder se começa a desmoronar. Violência e Terror exigem a atomização social quase total, fazendo desparecer as estruturas em que o Poder se deve consolidar sem necessitar de recorrer à Violência.

No caso vertente, e Hannah Arendt não anteviu este enredo, bem diferente do nazismo ou do estalinismo, a deificação numa nova mística totalitária excede largamente os cultos de personalidade dos casos anteriores, integrada na criação de um poder dinástico, num país internacionalmente isolado, que se mantém independente, uma vez desaparecidos os seus aliados e protetores antigos, a URSS e a República Popular da China, graças à posse de armamento nuclear.

É nesta perspetiva que devemos compreender a política interna e externa desta dinastia, com as caraterísticas próprias das épocas e das circunstâncias de cada um dos três ditadores e das respetivas personalidades.

Expectativas criadas

Neste quadro, não podemos esquecer as várias expectativas criadas em muitos países vizinhos e mesmo distantes da Coreia do

---

[26] Hannah Arendt, *Reflexions on Violence*, publicado pela School of International Affairs, da Columbia University, e sob licença a 27.02.1969, como suplemento especial na *The New York Review of Books*.

O INÍCIO MÍTICO DA DINASTIA KIM: KIM IL-SUNG

Norte, com o advento súbito – dada a morte inesperada do seu pai – de Kim Jong-un à liderança do partido e do país.

Sucederam-se várias medidas e declarações, que fizeram muitos analistas e políticos pensarem que algo profundo e interessante se poderia passar naquele país.

Desde logo, ao fim de 36 anos sem nunca ter havido um Congresso do Partido único da Coreia do Norte, Kim Jong-un não só reúne um primeiro Congresso, ao fim de quase quatro décadas, em maio de 2016, como convida a imprensa estrangeira a vir a Pyongyang.

É certo que foi uma desilusão para grande parte da comunicação social e como a jornalista do *Washington Post* que lá se deslocou afirmou, ela viu apenas o Congresso nos programas da televisão norte-coreana, pois não puderam assistir às reuniões de trabalho.

Jeremy Koh, do CNA([27]), relatou igualmente que passaram o tempo a visitar a capital, mas sempre acompanhados por funcionários do Ministério dos Negócios Estrangeiros e todas as visitas e programas eram rigorosamente preestabelecidos pelas autoridades coreanas.

Os jornalistas trouxeram algumas novidades quanto à capital. Notaram que havia bons restaurantes e mais lojas do que antigamente, embora tivessem verificado que a população continuava sem acesso à internet. Por outro lado, repararam que, a partir do Congresso do Partido, este vem a assumir uma profunda reorganização, que o leva a ficar com muito mais competências, designadamente face ao aparelho militar. O novo estilo de liderança passa por uma maior aproximação entre o ditador e as massas populares.

Neste aspeto, surgem novos *slogans*, como «criar uma nação socialista poderosa» ou «uma nação socialista civilizada». A noção de nação socialista civilizada estava intimamente ligada à ideia de cultura e educação. Antes de terminar o ano de 2016, a imprensa norte-coreana declarava que aquele fora o ano em que se dera o maior desenvolvimento e salto tecnológico no sistema educativo, na saúde,

---

([27]) Channel News Asia

nas artes, entre outros domínios. Segundo um longo artigo de Jong Sua Bok, do *Pyongyang Times*, dezenas de novas escolas secundárias e especializadas haviam sido inauguradas por todo o país, do mesmo modo que tinha sido criado um novo sistema de educação à distância.

No âmbito da saúde, teria havido não só uma aquisição de novos aparelhos de diagnóstico, como teria sido criada uma rede informática entre os principais hospitais. Afirma-se inclusivamente que nesta área a representação local da OMS atribuíra um prémio. Sempre sob o signo da revolução, teriam sido criadas novas peças de teatro, teriam sido realizados novos filmes e haveria também uma modernização do ballet[28].

Em várias das suas intervenções públicas, Kim Jong-un gostava de falar no *global trend*, como a imprensa em língua inglesa referia, e com isto prometia uma nova «economia baseada no conhecimento»[29].

Como comentadores sul-coreanos aludem, sempre houve à partida duas orientações políticas em Pyongyang, orientações essas consideradas frequentemente antagónicas. Parecia, pois, manifesta a vontade de mostrar uma descontinuidade relativamente à política do seu pai, até porque Kim Jong-un citava com muito mais frequência a «herança» do seu avô. Em abril de 2012, declara mesmo, durante as comemorações do centenário de Kim Il-sung: «O nosso partido está determinado a que o povo não necessite mais de apertar o cinto.»

Na frente externa, vemos que manda então enviados especiais a Seul, a Pequim e a Washington com a missão de transmitirem o seu desejo de normalizar as relações, assim como parece estar disposto a recomeçar a negociação do Grupo dos 6. Parece-nos evidente que houve uma tentativa de lançar uma nova política que assegurasse a sobrevivência num isolamento que proporcionasse investimentos na

---

[28] *Pyongyang Times,* de 25 de dezembro de 2016.

[29] Veja-se Yoon Dae-Kyun, em *Changes and Continuity in the Kim Jung Un Era*. Publicado pelo KDI, em 2014 (Institute for Far Eastern Studies), Coreia do Sul.

Coreia do Norte por parte de outros países e assim permitisse um novo programa económico.

A condução desta aparente nova política, porém, não teve grande duração, pois como se referiu acabou por desenvolver dois aspetos em si antagónicos e as expectativas criadas caíram rapidamente.

A data que se pode considerar como simbólica desta viragem foi a do dia 29 de fevereiro de 2012, com o lançamento do míssil de longo alcance, depois seguido de vários até hoje. Em março do ano seguinte, Kim Il-sung declara-se líder de um Estado com armas nucleares.

Há autores que admitem que, no pensamento inicial de Kim Jong-il, ele quis começar por terminar a obra que o seu pai deixara a meio, no que toca ao programa nuclear[30]. Daqui desenvolvem-se duas políticas externas contraditórias: por um lado, quer apresentar-se ao mundo como um país que pretende atrair investimento estrangeiro, logo, com uma imagem amigável; por outro, quer ser um dos países-membros do grupo (ADM) – possuidores de armas de destruição maciça – e como um dos países do grupo (AND) – armas nucleares de destruição, no sentido do NPT («Non Proliferation Treaty»).

Procura-se, então, reanimar o triângulo com Pequim e Moscovo, projeto que não teve êxito particular, pois por outro lado também Pequim procura manter um triângulo negocial com os Estados Unidos e a Rússia e os Estados Unidos acariciam o triângulo Japão e Coreia do Sul. Trata-se, assim, de uma diplomacia que configura uma geometria que dificilmente se tornará consistente.

Até agora, as opções da Coreia do Norte têm sido a procura de diálogo com os inimigos dos Estados Unidos, designadamente com o Irão – onde esteve representada na tomada de posse do novo presidente –, Cuba, Síria, alguns países de África e da América Latina.

---

[30] É o caso de Cho Seong-Rioul em *North Korea Diplomacy, in Kim Jong-il Era*, 2014.

Kim Yong-nam, a face exterior mais conhecida da Coreia do Norte, parte para o Irão, convidado a assistir à recente tomada de posse do novo presidente.

As atitudes do presidente americano, Donald Trump, têm contribuído para esta nova evolução. Assim, assiste-se a algumas iniciativas que o Ministério dos Negócios Estrangeiros tem tomado, junto de várias embaixadas acreditadas em Pyongyang, e que têm recebido acolhimento por parte dos diplomatas ali acreditados.

Kim Young-nam recebendo Mowak Jonna´a.

Referimos apenas algumas, a título de exemplo: com a Síria, Kim Jong-un envia quase mensalmente mensagens ao presidente Assad, como, por exemplo, a longa mensagem enviada para o felicitar pelos cinquenta e quatro anos da revolução de 8 de março. Em maio deste ano vem a receber ao mais alto nível – uma vez mais por Kim Yong-nam – Mowak Jonna´a, presidente da União Desportiva da Síria.

Entre as iniciativas mais simbólicas está certamente aquela que foi feita pelo embaixador russo em Pyongyang, Alexander Matsegora, ao visitar uma cooperativa russo-coreana de vegetais, Kochan, tendo o próprio embaixador e outro diplomata feito o gesto simbólico de trabalhar no campo da cooperativa.

Esta notícia apareceu na imprensa norte-coreana, na mesma altura em que se publicava a conversa telefónica de Sergei Lavrov com o seu homólogo norte-americano, no sentido de pedir que os Estados Unidos evitassem atiçar a tensão já existente entre Washington e Pyongyang.

Embaixador russo em Pyongyang visitando uma cooperativa agrícola.

A moda parece ter pegado, pois mais tarde, em outubro, vemos os embaixadores da Indonésia e do Camboja, respetivamente Bambang Hiendrasto e Sin Bunthoeurn, visitarem outra cooperativa agrícola ligada aos grupos de amizade entre a Coreia do Norte e os dois países em questão: nessa visita, ambos arregaçaram as mangas para, num gesto simbólico, ajudarem os camponeses no seu trabalho agrícola.

Delegações de outros países, como a Mongólia, visitaram Pyongyang e também África esteve presente com uma delegação da Federação dos Estudantes da República Democrática do Congo, encabeçada pelo seu presidente, Mpongo Ne Kongo.

É evidente que estas visitas não tiveram um caráter político importante e os eventos ligados a certas embaixadas, incluindo os seus embaixadores, também não passaram de *faits divers* diplomáticos. Parece evidente que se trata de uma ação de «marketing» diplomático, no sentido de manter relações, mesmo a um nível de base, com

O INÍCIO MÍTICO DA DINASTIA KIM: KIM IL-SUNG

Delegação da Federação dos Estudantes congoleses em visita a Pyongyang em setembro de 2017.

outros países, fora da esfera dos que estão mais ou menos ligados aos Estados Unidos e mantendo a imagem, junto da opinião pública interna, de não isolamento internacional.

4.

A tentação nuclear: o programa KEDO

É curioso verificar como tanto os políticos como os jornalistas ou comentadores, ao analisarem o problema candente dos sucessivos lançamentos de mísseis de cada vez maior alcance pelo novo ditador e sucessor dinástico da dinastia Kim, Kim Jong-un, raramente ou nunca referem o famoso programa KEDO – Korean Peninsula Energy Development Organization –, que teve início em março de 1995.

Afigura-se-nos útil, para melhor entendermos o presente, referir rapidamente este episódio dos anos 90 e do início deste século, assim como algumas das interessantes conversas que mantive com altos funcionários do regime. Para a história do início do Primeiro Acordo-Quadro, de 1994([31]), lançado na altura como iniciativa do presidente Bill Clinton, que contava obviamente com o acordo dos Estados Unidos e da Coreia do Norte, existe numerosa bibliografia. Para quem assistiu ao desenrolar do início deste programa, como foi o caso do autor deste livro, muita da literatura que sobre o assunto se escreveu carece de algum distanciamento e objetividade.

No Ocidente, mas não só, desde o início que a Rússia, a China e muito particularmente o Japão e a Coreia do Sul observavam atentamente o desenvolvimento das centrais nucleares que Kim Jong-il ia fortalecendo a partir do chamado Centro de Investigação Nuclear de

---

([31]) Vide Anexo n.º 3.

Yongbyon. A Coreia do Norte tinha então graves problemas de energia, facto que a tornava bastante dependente dos dois grandes vizinhos.

Na altura, tinha acabado de ser acreditado em Pyongyang. Portugal mantinha, desde a revolução de Abril de 1974, um relacionamento especialmente amistoso com Pyongyang e era um dos poucos países da então União Europeia[32] com relações bilaterais com aquela capital. Por essa circunstância, cada vez que me deslocava a Pyongyang, ao regressar era objeto de muitas perguntas por parte dos colegas europeus em Pequim, durante as reuniões mensais dos Chefes de Missão dos estados-membros. Todos acompanhavam com interesse o desenvolvimento do início do programa KEDO.

O que se passava com o desenrolar rápido da passagem deste Acordo-Quadro à criação do Programa KEDO, a 9 de março de 1995, era não só seguido atentamente pela comunidade diplomática, como pelos *media* e pelos serviços de informação em geral. Não convém esquecer o facto de Macau constituir um centro importante de atividade de vários serviços de *Intelligence*, dada a sua situação e as circunstâncias políticas daquele território.

Vários foram os países que aderiram à Organização KEDO, sediada em Nova Iorque, e muito mais de vinte aqueles que contribuíram financeiramente para ela, sendo que os três maiores financiadores foram a Coreia do Sul, o Japão e os Estados Unidos da América, cada um respetivamente com cerca de 1500 milhões de UD$, 500 milhões e 400 milhões.

A Europa estava presente fundamentalmente através da AIEA (Agência Internacional de Energia Atómica) e a sua contribuição financeira teria sido da ordem de 122 milhões de US$. A AIEA tinha responsabilidades acrescidas no domínio da aplicação e da verificação das normas internacionalmente aceites neste domínio.

O objetivo fundamental do programa era a substituição dos reatores *Magnox* por reatores de água leve – chamados internacionalmente

---

[32] Recém-criada em novembro de 1993 pelo Tratado de Maastricht e substituindo a CEE.

LWR – e acompanhando o programa com vários tipos de ajuda e cooperação, que deveriam levar à produção de energia e evitar a tentação do fabrico de armas nucleares.

No início de 1995, corre por várias vias e em diversas redes de informação que a Rússia quereria fornecer os novos LWR e que essa era a vontade da própria Coreia do Norte. Tenho dúvidas fundamentadas sobre a forma como esta tese é posta em circulação. Na realidade, os Estados Unidos pretendiam que fossem eles a fornecer os LWS fabricados na Coreia do Sul[33], e, este facto, depois confirmado pela própria KEDO, segundo declarações do embaixador americano, constituiu um dos elementos de destruição de toda a organização KEDO.

É relevante estabelecer uma relação entre estes acontecimentos e o recente Acordo encabeçado pelos Estados Unidos e pelo Irão. É importante lembrar as declarações do porta-voz do Ministério dos Negócios Estrangeiros de Pyongyang, de março de 1995: «A administração dos EUA não deve ir contra a tendência internacional em direção à detentora e ao espírito do acordo RPDC-EUA, mas abandonar a sua tentativa de pressão militar na Coreia do Norte e parar imediatamente a construção das suas armas na Coreia do Sul.»

Na realidade, a Coreia do Norte não queria ficar dependente nem da Rússia, nem dos Estados Unidos. A estratégia de Pyongyang, na altura, era (como de resto a estratégia da China), face à configuração internacional da época, contar com o papel da União Europeia como um ator internacional de peso.

O grande objetivo de Pyongyang era receber através da KEDO reatores fabricados na Alemanha, pela *Siemens*. O grande receio da Coreia do Norte era que o entendimento entre Pyongyang e os Estados Unidos estivesse a ser prejudicado pela Coreia do Sul. Estas foram as palavras de Kim Yong-nam, então vice-primeiro-ministro e ministro dos Negócios Estrangeiros, numa longa conversa comigo: «...estava convencido de que Washington se empenha realmente em encontrar uma solução, mas a Coreia do Sul constitui um travão importante.

---

[33] Chamados reatores *Ulchin,* fabricados segundo tecnologia americana.

King Yong-nam.

Washington teme excluir-se de um entendimento entre nós e os americanos, mas estou otimista que encontraremos uma solução.»([34])

No decurso dessa mesma longa conversa, abordámos o problema KEDO. O meu interlocutor pediu a possível intervenção no sentido de defender a ideia junto de colegas de outros membros da EU, para que esta tivesse um papel mais interventivo no programa KEDO e de modo que «a sua preferência fosse para os reatores alemães de marca *Siemens* e concordava totalmente com os países europeus que exigiam um maior poder de decisão para entrarem na KEDO de forma mais substancial»([35]).

([34]) Hoje, Kim Yong-nam é a segunda figura do Estado, preside ao Pesidium da Assembleia Popular. Vide Anexo n.º 4 Tel 261, de 17.05.1995, AHD, Telegramas recebidos.

([35]) Ver Anexo n.º 4.

Sublinhe-se que, na altura, o meu colga cubano acreditado em Pyongyang, tão bem informado quando é possível estar naquele país, pensava que Kim Yong-nam viria a fazer desaparecer o mito do Presidente Eterno e tornar-se-ia o futuro presidente. As primeiras contribuições financeiras formais não aconteceram antes de 1998 e o início das despesas reais com a construção de LWR só ocorreu no princípio de 2000.

A lentidão de todo o processo deveu-se certamente a entraves levantados pela própria Coreia do Norte, mas, em grande parte, por oposições internas dos republicanos nos Estados Unidos e pela falta de unidade de opções e decisões estratégicas a nível do conjunto dos «decision-makers» do Projeto. Infelizmente a União Europeia não desempenhou um papel de «major player».

Entre os cinco órgãos da Organização, salientem-se os membros do chamado Executive Board, que eram os iniciadores do processo: em primeiro lugar, os Estados Unidos, o Japão e a Coreia do Sul. Como órgão-fonte da regulamentação técnica, não política, foi integrada a CEEA (Comunidade Europeia da Energia Atómica)([36]).

Resumindo longas histórias e discussões, a maioria republicana do senado americano chumbou a Organização KEDO e, em 2005, a KEDO deu por terminados os seus trabalhos; em 2006 a Organização, embora juridicamente existente, deixou de ter existência real.

No final da agonia deste processo, Pyongyang anuncia ter fabricado uma arma nuclear. Posteriormente, foram levados a cabo cerca de 6 testes nucleares, tendo sido o primeiro em 2006 e o último em 2018.

Não julgamos acrescentar conhecimento útil à problemática em questão, com todos os procedimentos que implicaram a saída do pessoal que se encontrava na Coreia do Norte envolvido neste projeto, para já não referir a recusa de indeminizações por parte de Pyongyang. As perdas foram enormes relativamente aos participantes, que não a própria Coreia do Norte, e os resultados políticos estão à vista.

([36]) Fundada em 1957, no âmbito da criação da própria CEE.

No nosso entender, os erros negociais dos vários parceiros foram grandes e contribuíram para o descalabro do projeto e da situação atual. Para além das questões internas da maior potência mundial e iniciadora do processo – de um processo que foi bem visto por Kim Jong-il, a falta de um plano estratégico a longo prazo por parte do chamado «mundo livre» foi grave.

Neste contexto, caberia salientar algumas das mensagens políticas importantes que foram pessoalmente transmitidas por Kim Jong-nam. É legítimo perguntar se as mesmas representavam o pensamento do «adorado líder» ou de uma fação do poderoso aparelho. Qualquer uma das hipóteses possui hoje grande acuidade na análise da situação atual, tendo especialmente em mente as importantes funções que o meu interlocutor hoje ainda desempenha.

Apesar da distância no tempo que nos separa de um jantar, no decurso de maio de 1995, com a minha mulher, o vice-ministro dos negócios estrangeiros e a sua mulher, cantora de ópera, que falava bem alemão – facto que facilitou o contacto entre ambas, dado que a minha mulher é alemã por nascimento – houve uma aberta troca de impressões, que, num país do Extremo Oriente, muito ligado à China pela história e pela cultura, tem a nosso ver um significado diferente daquele que teria se se tivesse passado entre «ocidentais».

Depois de longa conversa sobre a história e a cultura coreanas, abordámos alguns assuntos que gostaríamos de realçar[37].

Em primeiro lugar, o socialismo coreano: nas suas palavras, o socialismo coreano nada tinha que ver com o dos países de Leste (URSS), nem com o da China. Caraterizava-se por um desenvolvimento inferior ao do Ocidente, «com menos diversidade de vida», mas tinha conseguido uma sociedade «sem desemprego, sem banditismo, sem alcoolismo, sem prostituição e sem drogas, com um sistema de saúde gratuito para todos, escolaridade gratuita e obrigatória de onze anos para toda a população». Acrescentou ainda, a propósito, estar

---

[37] AHD, Telegramas recebidos Anexo n.º 5 Refere tel 261 de 17.05.1995 e 481, de 17.06.1996 .

consciente de que isto foi alcançado com um alto preço aos olhos dos ocidentais, mas ele julgava-o justo, pois nada disto fora conseguido nos países ligados à URSS.

Em segundo lugar, a sua política externa: Kim Jong-il está à cabeça do partido e das Forças Armadas, o que dará uma estabilidade à política externa que não sofrerá grandes mudanças. Portugal, que é um país pequeno mas zeloso da sua independência, poderá interpretar melhor como «nós e os Estados Unidos nos pudemos sentar à mesma mesa e assinar um Acordo, o que há alguns anos teria sido impossível». E continuou sublinhando que «Portugal, como a Coreia, ao contrário da maior parte dos países, que olham primeiro para os Estados Unidos antes de fazer qualquer coisa e por isso a Coreia nunca esquece os seus amigos».

Desenvolvendo o tema afirmou claramente nestes termos que «a Coreia do Norte não mendiga relações, mas é um país aberto a todos os povos e tem uma política externa aberta». E, depois de referir os vinte anos de relações amigáveis com Portugal, acrescentou que «embora Portugal esteja na EU, devemos aumentar o nosso nível de relações, aumentar o diálogo político sem nunca abdicarmos das nossas diferenças».

Depois de abordarmos outros assuntos, antes de terminar o jantar quis dizer-me uma coisa que considerava importante: «Pyongyang está disposta a iniciar conversações em qualquer altura e a qualquer nível com Seul, desde que seja garantida a desnuclearização da Península.» E quanto à reunificação da península, tanto ele como a mulher mostraram-se extraordinariamente otimistas e defendeu mesmo – houve quem lá tivesse defendido o contrário – que a Coreia tinha antecedido a China ao conceber um país com dois sistemas distintos no quadro de uma Confederação.

No nosso entender, no início do reinado de Kim Jong-il e face às primeiras atitudes de Clinton, havia uma corrente no interior do aparelho dinástico que pensava não numa alteração das grandes linhas de política interna, mas em quebrar o isolamento político como forma alternativa de manter a sua independência.

Portugal passou por uma época especial de contactos com Pyongyang, que poucos membros da UE teriam tido na altura.

4.1. A posição especial de Portugal junto de Pyongyang

Numa longa conversa, talvez a primeira, que tive com Kim Yong-nam, pude verificar através do modo como se referiu a Portugal não só o conhecimento que tinha da nossa realidade política pós-25 de abril de 1974, como aquilo que a Coreia chegou a esperar do nosso país – elementos aos quais já nos referimos ao longo de capítulos anteriores – o que a nosso ver constituiu um pequeno grau de *leverage* que penso nunca termos aproveitado. Pensamos que muitas das suas afirmações sobre Portugal dirão mais do que meras análises.

Kim Yong-nam começou por me dizer que conhecia bem Portugal, onde estivera cinco vezes, e que conhecia igualmente bem o nosso ex-presidente da República, o Marechal Costa Gomes, com quem teve uma conversa de duas horas, numa reunião em Madrid, «por ocasião de uma reunião da Internacional Socialista».

Aludiu, depois, ao facto de Costa Gomes ter escrito a Kim Il-sung, em 1982, anunciando uma próxima visita que nunca se chegou a realizar.

Homem com algum sentido de humor – caraterística rara naquele país – disse-me que Kim Il-sung se teria «encontrado com Costa Gomes, que, na altura, estava em Macau», e comentou ironicamente: «...pouco depois, foi eleito presidente, tal como Mitterrand, que antes de ser eleito encontrou Kim Il-sung... vocês deviam talvez também enviar a Pyongyang aquele que gostavam de ver proxima-mente eleito», e riu-se.

Entrando na mesma onde humorística, perguntei-lhe se ele podia garantir efeitos semelhantes com Kim Jong-il, ao que ele se limitou a rir também. No decurso da conversa, sublinhou: «As nossas relações desenvolvem-se num clima de grande amizade e com algum dina-mismo económico no domínio naval e de pescas.»

A TENTAÇÃO NUCLEAR: O PROGRAMA KEDO

Acrescentou que já Kim Il-sung havia dado claras instruções para fomentar as relações com o nosso país em todos os domínios e que o encerramento da embaixada em Lisboa só tinha origem em dificuldades orçamentais, integrando-se na decisão geral do encerramento de catorze embaixadas. Kim Jong-il desejava normalizar as relações com toda a UE e gostava de contar com o apoio do nosso país, com o qual tinha relações há vinte anos, e pediu-me, por conseguinte, o meu empenho pessoal nesta tarefa, esperando que eu viesse com frequência a Pyongyang. Por fim, transmitiu os seus cumprimentos ao ministro Durão Barroso[38].

A procura de aproximação com Portugal durou todo o ano de 1995 e particularmente o ano de 1996.

Dos momentos mais altos que se iniciaram com o pedido de apoio à nossa candidatura ao Conselho de Segurança da Nações Unidas, à qual houve uma imediata reação positiva, ainda em 1995, parece-nos importante evocar alguns episódios, já no ano seguinte, ligados a esse facto, assim como à decidida – mas nunca executada – reabertura da Embaixada da Coreia do Norte, em Lisboa, passando pelo apoio a Portugal nas questões ligadas a Timor ou mesmo à participação na Expo 98. Em junho de 1996, o vice-ministro do ministro dos Negócios Estrangeiros resolveu reciprocar o meu anterior convite para jantar e, durante o mesmo, decidiu abordar os seguintes temas, num primeiro brinde, na presença de vários diretores-gerais: primeiramente, brindou à reabertura da sua Embaixada em Lisboa; depois, garantiu o apoio à candidatura de Portugal ao Conselho de Segurança das Nações Unidas; seguidamente, referiu a participação na EXPO 98, em Lisboa; e, por fim, organizaram-me uma visita a Panmunjeom.

Será interessante, para melhor conhecer as circunstâncias da altura, referir como muitos destes e outros temas foram desenvolvidos pela parte coreana:

---

[38] AHD, telegramas recebidos 1995, n.º 261. de 17.05.1995.

1. O diplomata coreano Kim Hung Sik deslocar-se-ia às Nações Unidas, via Paris, onde, entre outras coisas, ia defender a nossa posição relativamente a Timor. Sugeri, então, que talvez fosse útil passar por Lisboa e a nossa Embaixada procuraria organizar um encontro nas Necessidades, facto que os deixou visivelmente contentes[39].

2. A reabertura da sua Embaixada em Lisboa prendia-se com o interesse que Pyongyang tinha em diversos setores (cada diretor-geral enfatizava o tema da sua área): acordos de proteção de investimentos e de não dupla tributação; ativação em vários setores; as relações com Macau em harmonia com a China; a sua participação na Expo98; e, por fim, convidar formalmente o seu homólogo português.

No decurso do jantar, Kim Chang-ryong, então vice-ministro, fez uma larga uma exposição acerca do modo como pequenos países europeus e a Coreia se deviam relacionar através de diálogos frequentes a diversos níveis – aludiu à Dinamarca, à Finlândia ou à Hungria, países com os quais esta prática existia.

Por fim, convidou-me a mim e à minha mulher a ir passar umas férias na Coreia do Norte, para conhecer as suas belas montanhas e pequenas povoações, referindo que o meu colega suíço, de quem sabia que eu era amigo, já tinha aproveitado semelhante oferta[40].

É interessante notar que, já noutra longa conversa anterior, o mesmo vice-ministro me repetiu as excelentes relações que mantínhamos há vinte anos, tendo sempre sabido não cair na esfera soviética, mas salientando que devíamos aproveitar para que os pequenos países como Portugal, a Coreia do Norte ou a Suíça tivessem uma voz mais ativa no «teatro internacional» (*sic*), e no nosso caso aproveitar a passagem do Professor Freitas do Amaral pelas Nações Unidas para tal fim.

---

[39] Vide Declaração Formal, Anexo n.º 6 AHD 1996.

[40] AHD, tel 482 e 483, de 1996 Coleção dos telegramas recebidos.

Curiosamente, o meu colega e amigo suíço deixara há pouco tempo a carreira diplomática para se dedicar ao aconselhamento de algumas empresas investidoras na China e na Coreia, como a *Schindler*. É de notar que a carreira diplomática suíça recorre frequentemente a diplomatas não de carreira, vindos do setor empresarial, para certos postos. Julgo que este terá sido um desses casos.

4.2. Macau

A posição estratégica e geográfica de Macau, o facto de a China ter relações especiais com Pyongyang, por razões históricas e políticas, embora não necessariamente boas, e um conjunto formado pelo facto de Portugal ser a potência administradora de Macau e ter excelentes relações com a República Popular da China, além de ser membro da UE, constituíram um quadro pertinente para que Macau fosse um centro de diversos tipos de atividades ligadas à Coreia do Norte.

Aludimos, noutro capítulo, às questões relacionadas com uma primeira tentativa de assassínio do irmão de Kim Jong-un em território de Macau, onde teria vivido no exílio. O contexto levava certamente a que este território fosse um centro ativo de serviços de *Intelligence* com evidentes vantagens sobre o Japão ou a Coreia do Sul.

Recorde-se, a propósito, a história das supernotas de 100 dólares. Os problemas ligados à existência das chamadas «supernotas» de 100 dólares fabricadas nas «Casas da Moeda» de Pyongyang ou mesmo em Macau encheu os tabloides da imprensa internacional, especialmente entre os anos de 2007 e até 2009.

Tudo o que esteve associado a estes eventos tem, por um lado, uma carga altamente política que resulta das lutas internas entre Republicanos e Democratas nos Estados Unidos, assim como da implicação de vários serviços secretos.

A Heritage Foundation, nos Estados Unidos, já em 2006 afirmava perentoriamente que a Coreia do Norte tinha adquirido máquinas de impressão de alta qualidade, na década de 90, que permitiam

Kim Yong-nam em Macau com o Edmundo Ho.

a Pyongyang – segundo esta Fundação politicamente bem definida – fabricar notas falsas de dólares americanos, ienes japoneses, bahts da Tailândia, etc. De acordo com esta fonte, há mais de vinte e cinco anos que existiria esta prática[41]. Havia obviamente nesta fonte a intenção de implicar a República Popular da China naquele escândalo.

O facto de Macau ser a Las Vegas do Oriente associou todo este enredo à reputação de que Macau e especificamente um Banco Delta Asia (BDA), existente naquele território, eram um centro de «lavagem de dinheiro», bem como parceiros diretos da Coreia do Norte.

---

[41] The Heritage Foundation, *Is China Complicit in North Korea Currency Counterfeiting?*, Webmemo 1046, 20 de abril de 2006.

A TENTAÇÃO NUCLEAR: O PROGRAMA KEDO

Como referimos anteriormente, Macau, ainda no tempo da administração portuguesa, por razões que já evocámos, tinha uma ligação especial à Coreia do Norte.

Vários «analistas» chegaram a adiantar que a Coreia do Norte teria tido ganhos da ordem de 15 a 25 milhões de dólares americanos por ano, devido à circulação daquelas aludidas notas falsas.

O subsecretário de Estado americano Stuart Levey acusou o aludido BDA de ser o principal operador ao serviço da Coreia do Norte. Bush acusava, entretanto, a Coreia não só de falsificar divisas, como de narcotráfico e outros negócios ilícitos.

Chegou a haver conversações na embaixada americana em Pequim, em 2007, entre o número dois do assistente do secretário de Estado do Tesouro Americano, Daniel Glaser, e representantes de Pyongyang.

Segundo a imprensa. a questão estaria em vias de solução com contrapartidas norte-coreanas na área do problema nuclear.

Tudo isto se passou durante negociações políticas importantes com a Coreia do Norte do chamado Grupo dos 6 relativamente à questão nuclear daquele país.

O cabeça do BDA, Stanley Au, teria mesmo, a dado momento, sido substituído por iniciativa das autoridades de Macau. Todo este tema no qual Macau foi ator de destaque deu origem a um Relatório do Serviço de Investigação do Congresso americano([42]), datado de 12 de junho de 2009, no qual se destacam as limitações de fontes sobre estes factos, pois só foram usadas as de refugiados da Coreia do Norte e as «Fontes Abertas» – excluindo, assim, toda a informação classificada.

O mesmo documento afirma que «no seguimento do caso BDA, houve um reforço dos dispositivos legais nacionais em conjunto com o aumento das atividades diplomáticas e outras pressões para resolver o caso das armas nucleares norte-coreanas e potenciais mísseis

---

([42]) *CRS Report for Congress*, CRS 7-5700, www.crs.gov. RL 33324, de 12 de junho de 2009.

COREIA DO NORTE – A ÚLTIMA DINASTIA KIM

balísticos. Depois do segundo teste nuclear de 25 de maio de 2009 e do disparo de potenciais mísseis balísticos, os Estados Unidos, segundo algumas informações, estão a considerar o uso por parte da Coreia do Norte de moeda norte-americana falsa como base para sanções financeiras adicionais».

TERCEIRA PARTE

A AMEAÇA NUCLEAR HOJE

5.

A Coreia do Norte e a ameaça nuclear atual

Quando analisamos o problema do verdadeiro perigo que vivemos hoje de um conflito nuclear, não podemos deixar de pensar na frase de William Perry, que Chomsky gosta de citar: «Hoje, o perigo de um conflito nuclear é maior do que no tempo da Guerra Fria e a maioria das pessoas não tem consciência disso.»[43] Seria legítimo perguntarmo-nos se a principal ameaça vem do jovem ditador divino e atual «soberano dinástico», Kim Jong-un. A nossa resposta é claramente não.

Há, nesta altura, três focos potenciais de ameaça nuclear. O primeiro e mais perigoso vem dos Estados Unidos da América, a maior potência militar e nuclear do mundo e que prossegue um plano de modernização do seu arsenal balístico e nuclear, o que lhe triplica o potencial. Este aspeto foi recentemente objeto de estudo num artigo do *Bulletin of Atomic Scientists*, de março de 2018. Esta potência mundial tem hoje como presidente um homem que Chomsky descreve como totalmente imprevisível e «a bit suicidal»[44].

O segundo foco reside na Coreia do Norte e na aparente loucura do seu ditador, Kim Jong-un. As suas atitudes no quadro que tentámos

---

[43] William Perry, matemático e engenheiro, é especialista em questões nucleares e foi subsecretário de secretário da Defesa durante a presidência de Clinton.

[44] Chomsky numa entrevista ao *Dallas News*.

descrever neste pequeno livro é altamente preocupante. Só que esta «aparente» loucura é potenciada pelas caraterísticas e comportamento do seu homólogo americano.

O terceiro foco mais importante situa-se no Irão. Mas também aqui a possibilidade de Trump denunciar o acordo conseguido com sérias dificuldades entre Obama e o Irão faz dos Estados Unidos, mais uma vez, a grande ameaça. Pode-se discutir se este acordo não poderia ser melhorado; julgamos, porém, que a sua supressão pode constituir um elemento para que o Irão possa ter a tentação de se constituir como uma nova Coreia do Norte. Quando pensamos no acordo entre os Estados Unidos e o Irão não podemos deixar de refletir sobre o programa KEDO.

Comecemos por compreender qual o principal objetivo a médio e a longo prazo de Pyongyang: simplesmente negociar o futuro da península da Coreia, direta e, se possível, exclusivamente com Washington. Este facto parece-nos evidente, depois das conversações que tivemos com Kim Yong-nam e o então ministro dos Negócios Estrangeiros. Esta opinião foi, uns anos mais tarde, em 2001, defendida por Kissinger[45]. Se isso acontecesse, Seul seria marginalizada como um satélite amigo da grande potência – os Estados Unidos da América.

Daqui resultam duas consequências evidentes: a primeira, é que Washington não é o principal inimigo estratégico; a segunda é que os principais inimigos são a Coreia do Sul, o Japão, por razões históricas, e a China, desde que Deng lançou a ideia de um país e dois sistemas.

Nada disto é novidade, como referi noutro capítulo, e tal foi-me dito claramente em 1995 e 1996. Basta mantermos a memória histórica suficientemente presente para recordarmos a visita de uma alta patente militar de Pyongyang a Washington, a visita da secretária de Estado norte-americana, Madeleine Albright, a Pyongyang, em 2000, e a própria visita do presidente da Coreia do Sul a Pyongyang.

---

[45] Vide, *Does America Need a Foreign Policy? Toward a Diplomacy for the 21 st Century*, Simon & Schuster, 2001.

A COREIA DO NORTE E A AMEAÇA NUCLEAR ATUAL

Kim Jong-il e Madeleine Albright em Pyongyang em outubro de 2000.

Desde 1993 que a CIA, numa informação entretanto desclassificada, sublinhava que um possível diálogo com o Ocidente colocava a Coreia do Norte numa posição de um patamar superior relativamente aos seus inimigos, designadamente o Japão, apesar dos exercícios militares américo-sul-coreano, «Team-Spirit», e particularmente face à AIEA (Agência Internacional da Energia Atómica)([46]).

Desde o início deste trabalho que temos procurado sublinhar a importância da história e do passado para compreendermos o presente e em matéria diplomática e negocial saber utilizar esses elementos para avançar numa situação «win-win», que, por vezes, parece impossível.

Em matéria de negociações, no entanto, a palavra *impossível* não deve ter lugar.

É importante pensar nesta famosa visita de Albright a Pyongyang, na forma como decorreu, no ambiente que ambos os líderes souberam criar e nas expectativas que foram abertas, designadamente de uma possível visita de Clinton à Coreia do Norte.

([46]) Anexo n.º 7.

Albright foi recebida com um entusiasmo enorme. Assistiu a um espetáculo, com aquela grandiosidade que só os norte-coreanos sabem encenar. As duas longas conversas tidas entre ambos foram consideradas pelo porta-voz americano, Richard Boucher, como «substantivas e úteis».

Numa das alocuções de Albright, dirigindo-se a Kim Jong-il, disse: «O símbolo da América é a águia, um pássaro que voa nas alturas, o orgulho da Coreia é a montanha que se ergue no céu. Não há obstáculos que não possamos ultrapassar se soubermos tomar as decisões estratégicas juntos para isso.»([47])

Durante o primeiro dia de negociações, foi muito clara a posição assumida por Kim Jong-il, quando Madeleine Albright começou por afirmar que haveria uma pré-condição a qualquer negociação entre os Estados Unidos e a Coreia o Norte, que seria a suspensão da venda de mísseis tanto à Síria como ao Irão. O líder norte-coreano foi perentório ao afirmar que vendia os mísseis simplesmente para obter divisas em troca. Disse mesmo: «Isto é claro, se exportamos, recebemos divisas, mas se vocês nos garantirem uma compensação, suspendemos as vendas imediatamente.»

No decurso do segundo dia de negociações, Kim Jong-il aceitou praticamente todas as condições prévias americanas e chegou mesmo a afirmar que, dado o facto de a Guerra Fria ter acabado, até podia considerar a presença militar na Coreia do Sul como um fator de estabilidade, mas adiantou que, como nos Estados Unidos, havia no seu país quem não concordasse com ele([48]).

Também no grande banquete de gala oferecido por Kim Jong-il Albright, mais uma vez, sublinhou o clima de esperança no futuro, afirmando no seu discurso: «Acredito que as nossas reuniões durante

---

([47]) No original: «America's symbol is the eagle, a bird that soars, and Korea's pride is the mountains that scrape the sky. There is no obstacle we cannot overcome if we make the strategic decision to do so together.»

([48]) O texto original continua classificado, mas no Anexo n.º 8 reproduzimos partes do que Albright disse no seu livro *Madam Secretary*, de outubro de 2000, Miramax Books.

A COREIA DO NORTE E A AMEAÇA NUCLEAR ATUAL

estes dois dias nos vão ajudar a avançar no caminho da cooperação.» E antes de deixar a capital norte-coreana fez a seguinte importante declaração ao Supremo Líder coreano: «Senhor Presidente (Chairman *sic*), o processo no qual nos comprometemos é um processo que o seu pai, Presidente (President *sic*) Kim Il-sung, ajudou a iniciar. Ele pode levar à reunificação da península e a relações mais normais e frutíferas entre o seu governo e outros desta região e do mundo.»

Era bastante unânime a visão otimista com a qual o Ocidente, os Estados Unidos e particularmente o *State Department* – corpo de diplomatas menos politizado e com maiores aptidões negociais – iam encarando as negociações em curso.

Afigura-se-nos importante ter em conta a linguagem usada em comunicações diplomáticas americanas, como, por exemplo, um telegrama do representante diplomático americano nas Nações Unidas, em Genebra, do início de agosto de 1994, logo depois do acordo obtido entre ambos os países, após as negociações ali feitas entre 5 e 12 do mesmo mês, de que nos permitimos citar esta frase: «While we are encouraged by the progress made in Geneva, a great deal of work remains to be done before we meet again with DPRK in September 23.»[49]

Hoje, não só temos Trump em vez de Clinton como do ponto de vista estratégico regional temos uma situação em que despareceu a ex-União Soviética ou a atual Federação Russa, como ator estratégico de apoio a Pyongyang, embora continue a presença militar americana na parte sul da península, assim como as bases militares americanas no Japão, acrescentando a esses factos o afastamento progressivo da República Popular da China; por outras palavras, encontramos a Coreia do Norte numa situação de cada vez maior isolamento regional e global, não obstante o recente diálogo entre Pyongyang e Pequim.

Não esqueçamos que durante a visita de Albright foi possível a Coreia do Norte assinar uma Moratória suspendendo mais ensaios nucleares contra o possível descongelamento de fornecimentos por

---

[49] Telegrama desclassificado, STATE 225927, doc. E 15, Anexo n.º 9.

Kim Jong-il recebe o presidente da Coreia do Sul.

parte dos Estados Unidos. Foi um começo. Como se referiu, também no mesmo ano, em junho de 2000, Dae Jung, presidente da Coreia do Sul, visitou Pyongyang. Desta primeira cimeira intercoreana saiu uma Declaração Conjunta em cinco pontos, na altura muito divulgada([50]), mas que politicamente constituiu um marco importante que consagra um primeiro desanuviamento e o início de uma possível negociação.

Ainda em 2007, houve uma segunda cimeira, também com o líder Kim Jong-il e o presidente Roh Moo Hyun da Coreia do Sul. Apesar de esta cimeira ter ficado célebre pelo relevo que a imprensa local deu ao presente de Kim Jong-il oferecido ao seu homólogo do Sul, as tais toneladas de uns cogumelos especialíssimos, que foram avaliados nuns milhões de dólares americanos, já surgiram alguns problemas, acerca dos quais muito se especulou, sobre a não publicação do texto da declaração conjunta.

Se estes pormenores estão um pouco à margem de uma análise histórico-diplomática da questão da Coreia do Norte, vêm mais uma

---

([50]) Juntamos em Anexo n.º 10.

vez mostrar que ainda, até 2007, parecia haver o que no próximo capítulo chamaremos Zone of Possible Agreement (ZOPA).

Se, por um lado, estamos conscientes de que os ICBM (Mísseis Balísticos Intercontinentais) ainda não constituem uma ameaça imediata, pois falta a miniaturização das «cabeças», parece certo que o mesmo não acontece para os mísseis de médio alcance e esses ameaçam diretamente milhões de pessoas, tanto na parte sul da Coreia como no Japão ou partes da China.

Neste caso, mesmo que não haja a intenção estratégica de ataque por parte de Pyongyang, o que nos parece nesta altura mais provável, pois o país sabe que não teria capacidade para resistir a uma resposta nuclear maciça, não podemos excluir uma reação de «medo» – um dos inimigos mais perigosos em negociação ou nas respostas em relações internacionais – e um estúpido e imprevisto ataque por algum dos vizinhos. Claro que esse facto pouco provável, mas não impossível, traria consigo um perigo nuclear a uma escala muito maior do que a regional. Kissinger, profundo conhecedor da área, escreveu há pouco: «O conceito de segurança de Tóquio não tolerará indefinidamente uma Coreia nuclear sem capacidade nuclear própria.»

O recente programa do primeiro-ministro japonês reeleito muito recentemente confirma esta análise de Kissinger. Certamente que uma das razões pelas quais desde o fim da Segunda Guerra Mundial o Japão se tem mantido afastado da tentação histórica de um imperialismo nacionalista, da sua imagem antiga na região, tem sido a aliança com os Estados Unidos da América.

Do ponto de vista da estratégia regional da China, afigura-se-nos como obvio que, em princípio, uma reunificação da península coreana não é um objetivo de Pequim, que tem boas relações com Seul, tanto diplomáticas como económicas. Uma Coreia nuclearizada vai contra todos os objetivos chineses de uma desnuclearização da região asiática.

Por outro lado, a China preza uma boa relação com Washington, hoje mais difícil com a política de Trump. Não obstante este facto, uma mudança política radical na Coreia do Norte e um possível período caótico que se lhe seguiria constitui igualmente um cenário que a China gostaria de evitar.

Neste contexto, parece-nos evidente que em qualquer possibilidade de se avançar para um processo negocial a China seria para os Estados Unidos um parceiro imprescindível.

Antes de mais, pensamos que será útil procurar entender as razões históricas que levaram a Coreia do Norte a tornar-se numa potência nuclear. A situação de dependência da URSS, primeiro, e da Rússia, depois do desmoronamento da primeira e da República Popular da China, que, no final da época maoista, começa um desvio que acaba na abertura de Deng Xiaoping. Ora, face ao peso dos Estados Unidos na região com a Coreia do Sul e o Japão, o isolamento de Pyongyang aumenta.

De um isolamento regional face ao equilíbrio de poderes da região passa a um isolamento global, devido fundamentalmente ao fator da globalização no sistema estratégico mundial e ao espírito missionário dos Estados Unidos, espírito wilsoniano, como lhe chama Kissinger, que, antes de mais, procura em qualquer negociação catequisar o parceiro no sentido de o fazer aceitar a democracia em moldes americanos.

É neste contexto que a dinastia Kim procura, no desvaire místico e ditatorial quase sem limites, encontrar uma forma de sobrevivência e de manutenção de independência. Pyongyang viu no poder nuclear a forma de se defender do mundo regional e global do «inimigo», através da interiorização de uma «teoria da conspiração» de caráter nacional.

5.1. O problema negocial: haverá uma «BATNA»([51])?

Se, por um lado, as negociações iniciais para implementar o Programa KEDO trouxeram, pelo menos, a suspensão da produção de plutónio por parte de Pyongyang, por outro lado concluímos que

---

([51]) BATNA – Best Alternative to a Negotiated Agreement.

todas as negociações, declarações mais ou menos violentas, ou mesmo ameaças, durante décadas não levaram a lado nenhum. Muito embora o mundo seja diferente e alguns novos atores internacionais tenham surgido, o grande problema da Coreia do Norte, relativamente ao mundo global e ao mundo regional, continua por resolver.

Existem duas primeiras conclusões a tirar: este problema não é suscetível de solução através de palavras, declarações e ameaças, sejam elas tão fortes como aquelas a que assistimos agora, ou de soluções técnicas, sejam de caráter militar ou económico, uma vez que estas só pioraram a situação e agravaram as tensões.

O problema sempre foi e é de natureza política. Kissinger, velho e notável estratega, acaba de nos dizer o que até há pouco era óbvio: «A diplomacia americana e multilateral sobre a Coreia do Norte não foi bem-sucedida devido à incapacidade de fundir os objetivos do principal ator – especialmente os da China e dos EUA – num consenso operacional.»([52])

É nossa opinião que deveríamos, *a priori*, pôr de parte como solução possível o recurso à força como alternativa válida. Diplomata que sou, estudioso das técnicas cada vez mais profissionais de negociação como solução para os vários tipos de conflitos de interesses que caraterizam as relações internacionais num mundo cada vez mais global e complexo, apostaria numa rápida opção pela negociação. Obviamente que esta posição nunca poderia invalidar a preparação secreta de respostas alternativas no caso de falharem as negociações.

Ao avançar para negociações, parece indispensável não acreditar que a negociação possa ser substituída ou ter uma natureza burocrática e dispormo-nos a partir do princípio de que nada é inevitável nessa circunstância. Em primeiro lugar, muito embora se trate de um problema de ameaça nuclear, é importante não esquecer que a natureza do problema a negociar é fundamentalmente política.

([52]) *Henry Kissinger imagines a Solution to North Korea, Heisenbergreport,* 12 de agosto, 2017 (*online*).

COREIA DO NORTE – A ÚLTIMA DINASTIA KIM

Em técnica negocial, um dos momentos mais importantes é aquele que hoje se designa por ZOPA (Zone of Possible Agreement). Como Kissinger nos recordou, por outras palavras, no artigo que já referimos, até agora, durante décadas, nunca soubemos aproveitar ou ter consciência das ZOPA que existiram realmente e a que neste trabalho já aludimos.

Como a maior parte das negociações enfermou pelo erro da falta de uma estratégia comum, estratégia que deveria decorrer de um objetivo também ele comum, nunca houve a preocupação de definir como alternativa máxima uma BATNA (Best Alternative to a Negotiated Agreement[53]). Para iniciar uma negociação desta natureza, em que o clima emocional e os *a priori* políticos dominam, em desfavor da racionalidade de uma estratégia global, seria importante procurar conceptualizar de uma forma o mais racional possível as BATNA dos principais atores do nosso lado e definir racionalmente a BATNA da Coreia do Norte.

Neste preciso momento, com a atual presidência americana, parece difícil definir a BATNA daquele país.

Como no final da década de 90 do século xx e início da década de 2000, admitimos que a UE poderia e deveria emergir como ator neste problema de estratégia e segurança global. É importante não perder de vista que um dos objetivos estratégicos de Pyongyang é negociar – em pé de igualdade política – para uma solução «win-win», isto é, conseguir dialogar com os Estados Unidos como parceiro e não como inimigo, colocando a Coreia do Norte como ator conjunto com outros países, como o Japão.

Ao constituir o grupo negocial da nossa parte, dois ou três parceiros parecem-nos importantes para integrarem este grupo, embora

---

[53] BATNA, conceito definido em 1981 por Roger Fisher e William Ury e hoje tido por essencial em várias escolas da Universidade de Harvard, nos seguintes termos: «É o único "standard" que o pode proteger tanto de aceitar termos que lhe são demasiado desfavoráveis como de rejeitar outros que teria interesse em aceitar.»

com posições e ZOPA diversas, mas complementares: a China e outro membro da União Europeia.

Também ousaríamos adiantar que é importante procurar focalizar e privilegiar como parceiro do outro lado a figura de Kim Young-nam e de outros, que ele eventualmente escolhesse.

Por fim, no âmbito desta especulação negocial, ainda nos permitiríamos adiantar que o início desta negociação se deveria manter reservada e com maior intervenção diplomática e a menor intervenção política possível.

A grande conclusão, para além de estas especulações sobre um possível modelo negocial, está no facto de, com um modelo mais ou menos semelhante àquele a que se aludiu, sem uma consciência clara e uma definição prévia da nossa BATNA, em contraposição com a BATNA de Pyongyang, este processo ser tão difícil quanto perigoso.

Apostar numa implosão do regime da dinastia Kim para um futuro próximo talvez seja menos realista e talvez igualmente perigoso para a região.

Há uma total imprevisibilidade relativamente ao que poderia acontecer internamente num país com armas nucleares, com uma Coreia do Sul que não está minimamente preparada para esta nova circunstância e com uma vizinha China que, não aprovando os excessos norte-coreanos, não está preparada para um caos que dificilmente controlaria.

ANEXOS

ANEXO 1

Relatório da minha primeira visita oficial a Pyongyang

ANEXOS

PRI CONFIDENCIAL

AO DA

DIFUSÃO: SEUL,TOQUIO E WASHINGTON

ASSUNTO:IMPRESSÕES GERAIS COLHIDAS OCASIÃO VISITA
PYONG YANG.

DEPOIS DUMA ESTADIA DE 4 DIAS EM PYONG YANG, DE CONVERSAS HAVIDAS COM DIVERSOS MEMBROS GOVERNO E DO QUE PUDE OBSERVAR NA CIDADE, JULGO PODER TECER SEGUINTES CONSIDERAÇÕES:

1 - TRATA-SE DUMA SOCIEDADE E MODELO POLÍTICO QUE POUCO TEM A VER COM OS TRADICIONAIS MODELOS COMUNISTAS CONHECI NO LESTE EUROPEU.

A EFICIENCIA DOS MECANISMOS SOCIAIS PARECE MUITO MAIOR.PELO MENOS NA CAPITAL, NÃO É VISIVEL MISÉRIA E MESMO A CRISE NÃO É DE PERCEPÇÃO IMEDIATA. A CIDADE E AS RUAS SÃO DUMA LIMPESA QUE EXCEDE OS MODELOS CLÁSSICOS EUROPEUS DA SUIÇA OU ALEMANHA. A ENORME QUANTIDADE DE CONSTRUÇÃO É NA SUA MAIORIA MODERNA E BASTANTE BEM CONSERVADA. AS PESSOAS , NAS RUAS OU NOS SERVIÇOS PÚBLICOS, BEM VESTIDAS.

AS RUAS , PORÉM, SÃO VAZIAS DE POPULAÇÃO E DE CARROS. OS ENORMES E BEM CONSERVADOS JARDINS NÃO TEEM UTENTES. OS PARQUES INFANTIS NÃO TEEM CRIANÇAS. OS OPTIMOS HOSPITAIS E MATERNIDADES - MINHA MULHER VISITOU DOIS - NÃO TEEM QUASE PACIENTES.

TODA A CIDADE PARECE UM GRANDIOSO E MONUMENTAL CENÁRIO DUMA PEÇA SEM ACTORES.

VISITAMOS UMA GIGANTESCA ESCOLA PARA AS CRIANÇAS FORA DAS HORAS ESCOLARES SEGUIREM CURSOS DE MUSICA, TEATRO, DANÇA, ARTES PLASTICAS, ETC. TRATA-SE DUM EDIFICIO EM MARMORE DE ESTILO E DIMENSÕES DA ARQUITETURA FASCISTA EUROPEIA DOS ANOS 30, COM UMA FREQUENCIA DE 5000 ALUNOS.

PELA MANEIRA DE VESTIR, PELAS ATITUDES E PELA PERFEIÇÃO DA EXECUÇÃO DE CADA UM NAS DIVERSAS MATÉRIAS, MAIS JULGAMOS NÃO ESTAR EM PRESENÇA DE CRIANÇAS, MAS DE AUTOMATOS.

A IMPRESSÃO GERAL É A DUMA SOCIEDADE ORWELIANA. UMA PRISÃO QUASE DE LUXO ONDE O ESPAÇO DA INICIATIVA OU CRIATIVIDADE DESPARECEU IRREMEDIAVELMENTE.

COREIA DO NORTE – A ÚLTIMA DINASTIA KIM

2 - O CONDICIONAMENTO PSICOLÓGICO DE TODA A SOCIEDADE É UM DADO IMPRESSIONANTE.

AS CRIANÇAS, COM 3 ANOS, (MINHA MULHER VISITOU UM JARDIM INFANTIL) TEEM NAS SALAS DE AULAS UMA MAQUETE DA CASA ONDE NASCEU KIM IL SUNG OU KIM JONG IL. RECITAM COM AS PROFESSORAS, EM LAGRIMAS, VERSOS BRINCANDO COM AS REFERIDAS MAQUETES. AS PESSOAS COM QUE ESTIVEMOS CHORAM FREQUENTEMENTE QUANDO SE INVOCA O "GRANDE LEADER".

QUANDO DEPOSITEI UMAS FLORES JUNTO À ENORME ESTATUA DE KIM IL SUNG, MILHARES DE PESSOAS ESPERAVAM, ORDENADAMENTE, PARA FAZER O MESMO, MAS DE LAGRIMAS NOS OLHOS, AO SOM DE HINOS E RECITAÇÕES DRAMÁTICAS TRANSMITIDAS EM ALTIFALANTES.

NÃO HA DISCURSO MARXISTA. HA UM DISCURSO MISTICO COM CITAÇÕES DA FILOSOFIA JONG CHI.

3 - A CRISE ECONÓMICA, NA CAPITAL, NÃO É MUITO PERCEPTIVEL. NÃO HA MENDIGOS, NÃO HA VELHOS NAS RUAS, QUEM SAI DEVE POR LEI ESTAR BEM VESTIDO. DURANTE A NOITE METADE DAS RUAS ESTÃO MERGULHADAS NA TOTAL ESCURIDÃO PARA POUPAR ENERGIA. A ENERGIA FORNECIDA, ANTIGAMENTE, PELA URSS, EM REGIME BARTER, DEVE AGORA SER PAGA EM DOLLARS E , CONSEQUENTEMENTE, NÃO HÁ.

OS CARROS QUE SEMPRE FORAM POUCOS, AGORA QUASE SE NÃO VEEM.

A CRISE DEVE FAZER SENTIR-SE, PELO MENOS NA POPULAÇÃO URBANA DE PYONG YANG, BASICAMENTE, NA ALIMENTAÇÃO. A CARNE QUASE NÃO É DISTRIBUIDA - DE QUALQUER MODO A CARNE FAZ PARTE DOS PRODUTOS BÁSICOS DISTRIBUIDOS PELO ESTADO - E O RACIONAMENTO DOUTROS PRODUTOS É MANIFESTO.

UM FUNCIONÁRIO MÉDIO GANHA CERCA DE 120 YUN (1US$ SÃO 2 YUNS). JULGO NINGUEM GANHAR MAIS DO QUE 300 (INFORMAÇÃO DE LOCAL). UMA RENDA DE CASA PARA UM CASAL COM 2 FILHOS RONDA CERCA DE 3 YUNS E 15 NOS MESES DE INVERNO. 1KG DE CARNE CUSTA CERCA DE 2,10 YUNS. UMA CERVEJA, 1,10 YUNS. UM PRATO DE SPAGETTI, NUM RESTAURANTE POPULAR, 2,50 A 3,50 YUNS.

NÃO SE GANHA POUCO, POIS NÃO SE GASTA DINHEIRO. OS PROPRIOS MINISTÉRIOS DÃO, POR VEZES, FATOS PARA OS FUNCIONÁRIOS ESTAREM APRESENTAVEIS.

ESTE ESQUEMA FUNCIONA, IGUALMENTE, NAS EMPRESAS. O VALOR DO DINHEIRO É RELATIVAMENTE DESCONHECIDO.

3 - O PAÍS VIVE UM LUTO PERMANENTE. A RADIO, A TELEVISÃO, NAS RUAS VIVE-SE AO SOM DE MARCHAS FUNEBRES E RECITAÇÕES EM TOM MELODRAMÁTICO DE COMEMORAÇÃO CONSTANTE "DUM SANTO" DESPARECIDO E DE REFERENCIAS A "UM MITO" DESCONHECIDO- KIM JONG IL.

ANEXOS

A SITUAÇÃO PARECE DE SI MESMA INSUSTENTAVEL POR MUITO MAIS TEMPO.

4 - DO QUE VI E DAS CONVERSAS QUE TIVE COM COLEGAS LOCAIS, PARECE EVIDENTE QUE ALGO DE GRAVE, SUPÕE-SE QUE DE NATUREZA DE SAÚDE, IMPOSSIBILITE KIM JONG IL DE ASSUMIR PUBLICAMENTE FUNÇÕES. AS MERAS RAZÕES POLÍTICAS E DE LUTA DE CLÃS PARECEM NÃO PODER EXPLICAR O FENÓMENO. EMBORA AS PRIMEIRAS POSSAM DESENCADEAR AS SEGUNDAS.

ESTE FACTO , COM O DESEJO MANIFESTO DA CLASSE POLÍTICA DE ABRIR O PAÍS AO OCIDENTE, PARTICULARMENTE AOS EUA E UE, ONDE JULGAM PODER ENCONTRAR CONTRABALANÇO AOS INIMIGOS MAIS PRÓXIMOS, O JAPÃO, A RUSSIA E A CHINA, JULGO VENHAM A TORNAR A MANUTENÇÃO DO STATU QUO POLÍTICO IMPOSSIVEL.

A REUNIFICACÃO QUE OS DIRIGENTES VEEM A CURTO PRAZO, SE A HOUVER, NÃO POUPARÁ O SISTEMA.

O PAÍS VIVE, EFECTIVAMENTE, PARA ISSO. CERCA DE METADE DOS IMOVEIS DA IMPRESSIONANTE CAPITAL ESTÃO VAZIOS, EMBORA ME ASSEGUREM QUE TENHAM MANUTENÇÃO, À ESPERA DO AFLUXO POST REUNIFICAÇÃO.

5 - ÀS 7 HORAS DA MANHÃ, NAS RUAS OUVEM-SE E VEEM-SE BANDAS QUE TOCAM MARCHAS, AO SOM DAS QUAIS, AS CRIANÇAS SAEM, EM FORMAÇÃO E A PAÇO DE CORRIDA, DIRIGINDO-SE PARA AS ESCOLAS.

OS FUNCIONÁRIOS DOS MINISTÉRIOS, PELAS 11 H DA MANHÃ, SAEM DOS EDIFICIOS, PARA CORRER, FAZER EXERCICIO E CANTAR HINOS À GLORIA DOS "DEUSES" KIM.

O PAÍS VIVE ISOLADO DO RESTO DO MUNDO.

6 - SÓ VISITEI PYON YANG. OS DIPLOMATAS LÁ RESIDENTEŞNÃO PODEM CIRCULAR PELO PAÍS E PARA SAIREM ALGUNS KM DA CAPITAL DEVEM PEDIR AUTORIZAÇÃO. AS BARRAGENS CERCAM A CIDADE.

NESTAS CIRCUNSTANCIAS NÃO PARECE POSSIVEL FORMULAR OPINIÕES SOBRE O ESTADO DAS POPULAÇÕES NO INTERIOR. HA QUEM AFIRME QUE PYON YANG NÃO É MAIS DO QUE UMA ENORME ENCENAÇÃO PARA MOSTRAR AOS VISITANTES. É POSSIVEL, MAS NUM REGIME DE DE SEGREDO O RUMOR É UM "MUST".

CONSIDERAÇÕES DE INDOLE MAIS POLÍTICA FIZERAM OBJECTO DE OUTRAS COMUNICAÇÕES.

DUARTE JESUS

ANEXO 2

Organograma do Comando Militar Norte-coreano

ANEXOS

[Figure 3-1] North Korean Military Command System

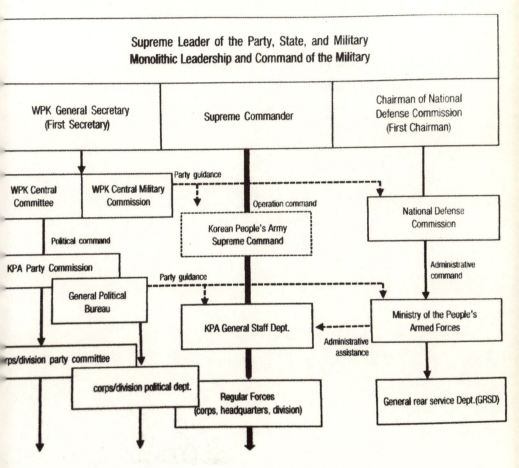

ANEXO 3

**Texto do chamado «Framework Agreement»
(Acordo Base) entre os EUA e a Coreia do Norte, de 1994,
que deu origem ao programa KEDO**

ANEXOS

Agreed Framework Between the United States of America and the Democratic People's Republic of Korea
Bureau of Arms Control
Washington, DC

October 21, 1994

Delegations of the Governments of the United States of America (U.S.) and the Democratic People's Republic of Korea (D.P.R.K.) held talks in Geneva from September 23 to October 17, 1994, to negotiate an overall resolution of the nuclear issue on the Korean Peninsula.

Both sides reaffirmed the importance of attaining the objectives contained in the August 12, 1994 Agreed Statement between the U.S. and the D.P.R.K. and upholding the principles of the June 11, 1993 Joint Statement of the U.S. and the D.P.R.K. to achieve peace and security on a nuclear-free Korean peninsula. The U.S. and the D.P.R.K. decided to take the following actions for the resolution of the nuclear issue:

I. Both sides will cooperate to replace the D.P.R.K.'s graphite--moderated reactors and related facilities with light-water reactor (LWR) power plants.

1) In accordance with the October 20, 1994 letter of assurance from the U.S. President, the U.S. will undertake to make arrangements for the provision to the D.P.R.K. of a LWR project with a total generating capacity of approximately 2,000 MW(e) by a target date of 2003.

   – The U.S. will organize under its leadership an international consortium to finance and supply the LWR project to be provided to the D.P.R.K.. The U.S., representing the

COREIA DO NORTE – A ÚLTIMA DINASTIA KIM

international consortium, will serve as the principal point of contact with the D.P.R.K. for the LWR project.

– The U.S., representing the consortium, will make best efforts to secure the conclusion of a supply contract with the D.P.R.K. within six months of the date of this Document for the provision of the LWR project. Contract talks will begin as soon as possible after the date of this Document.

– As necessary, the U.S. and the D.P.R.K. will conclude a bilateral agreement for cooperation in the field of peaceful uses of nuclear energy.

2) In accordance with the October 20, 1994 letter of assurance from the U.S. President, the U.S., representing the consortium, will make arrangements to offset the energy foregone due to the freeze of the D.P.R.K.'s graphite-moderated reactors and related facilities, pending completion of the first LWR unit.

– Alternative energy will be provided in the form of heavy oil for heating and electricity production.

– Deliveries of heavy oil will begin within three months of the date of this Document and will reach a rate of 500,000 tons annually, in accordance with an agreed schedule of deliveries.

3) Upon receipt of U.S. assurances for the provision of LWR's and for arrangements for interim energy alternatives, the D.P.R.K. will freeze its graphite-moderated reactors and related facilities and will eventually dismantle these reactors and related facilities.

– The freeze on the D.P.R.K.'s graphite-moderated reactors and related facilities will be fully implemented within one

ANEXOS

month of the date of this Document. During this one-month period, and throughout the freeze, the International Atomic Energy Agency (IAEA) will be allowed to monitor this freeze, and the D.P.R.K. will provide full cooperation to the IAEA for this purpose.

– Dismantlement of the D.P.R.K.'s graphite-moderated reactors and related facilities will be completed when the LWR project is completed.

– The U.S. and D.P.R.K. will cooperated in finding a method to store safely the spent fuel from the 5 MW(e) experimental reactor during the construction of the LWR project, and to dispose of the fuel in a safe manner that does not involve reprocessing in the D.P.R.K..

4) As soon as possible after the date of this document. U.S. and D.P.R.K. experts will hold two sets of experts talks.

– At one set of talks, experts will discuss issues related to alternative energy and the replacement of the graphite--moderated reactor program with the LWR project.

– At the other set of talks, experts will discuss specific arrangements for spent fuel storage and ultimate disposition.

II. The two sides will move toward full normalization of political and economic relations.

1) Within three months of the date of this Document, both sides will reduce barriers to trade and investment, including restrictions on telecommunications services and financial transactions.

CO REIA DO NORTE – A ÚLTIMA DINASTIA KIM

2) Each side will open a liaison office in the other's capital following resolution of consular and other technical issues through expert level discussions.

3) As progress is made on issues of concern to each side, the U.S. and D.P.R.K. will upgrade bilateral relations to the Ambassadorial level.

III. Both sides will work together for peace and security on a nuclear-free Korean peninsula.

1) The U.S. will provide formal assurances to the D.P.R.K., against the threat or use of nuclear weapons by the U.S.

2) The D.P.R.K. will consistently take steps to implement the North-South Joint Declaration on the Denuclearization of the Korean peninsula.

3) The D.P.R.K. will engage in North-South dialogue, as this Agreed Framework will help create an atmosphere that promotes such dialogue.

IV. Both sides will work together to strengthen the international nuclear non-proliferation regime.

1) The D.P.R.K. will remain a party to the Treaty on the Non-Proliferation of Nuclear Weapons (NPT) and will allow implementation of its safeguards agreement under the Treaty.

2) Upon conclusion of the supply contract for the provision of the LWR project, ad hoc and routine inspections will resume under the D.P.R.K.'s safeguards agreement with the IAEA with respect to the facilities not subject to the freeze. Pending conclusion of the supply contract, inspections required by the

ANEXOS

IAEA for the continuity of safeguards will continue at the facilities not subject to the freeze.

3) When a significant portion of the LWR project is completed, but before delivery of key nuclear components, the D.P.R.K. will come into full compliance with its safeguards agreement with the IAEA (INFCIRC/403), including taking all steps that may be deemed necessary by the IAEA, following consultations with the Agency with regard to verifying the accuracy and completeness of the D.P.R.K.'s initial report on all nuclear material in the D.P.R.K..

Kang Sok Ju – Head of the Delegation for the Democratic People's Republic of Korea, First Vice-Minister of Foreign Affairs of the Democratic People's Republic of Korea

Robert L. Gallucci – Head of the Delegation of United States of America, Ambassador at Large of the United States of America

ANEXO 4

Apontamento de conversa que tive com Kim Young-nam, a 17 de maio de 1995

ANEXOS

PRI

AO

DIFUSÃO: SEUL-WASHINGTON-TOQUIO

ASSUNTO: CONVERSA COM VICE PM E MNE DE PYONYANG - KIM YONG NAM

FUI RECEBIDO A 8 CORRENTE, PELO VICE PM E MNE, A QUEM ENTREGUEI COPIA FIGURADA DAS CARTAS CREDENCIAIS, COM QUEM TIVE LONGA TROCA OPINIÕES DIVERSOS ASSUNTOS, DE QUE JULGO DEVER REFERIR SEGUINTES:

1 - SENHOR REFERIU-ME CONHECER BEM PORTUGAL ONDE TINHA VINDO 5 VEZES E SEXA PRESIDENTE REPUBLICA COM QUEM HAVIA TIDO CONVERSA DUAS HORAS, EM MADRID, POR OCASIÃO REUNIÃO INTERNACIONAL SOCIALISTA.

ALUDIU TAMBÉM CARTA SEXA PRESIDENTE HAVERIA ESCRITO, EM 82, A KIM IL SUNG, NA QUAL ANUNCIAVA SUA FUTURA VISITA AQUELE PAÍS.

REFERIU IGUALMENTE QUE KIM IL SUNG HAVIA ENCONTRADO MARECHAL COSTA GOMES, NA ALTURA EM MACAU E COMENTOU, IRONIZANDO, QUE POUCO DEPOIS ESTE FOI PRESIDENTE, TAL COMO MITTERAND TAMBÉM ENCONTRARA KIM IL SUNG ANTES SER ELEITO. DEVERIAMOS ENVIAR A PYONGYANG O CANDIDATO QUE GOSTASSEMOS DE VER ELEITO...

RETURQUI QUE INFELIZMENTE KIM IL SUNG HAVIA FALECIDO E NÃO PARECIA FACIL ENCONTRAR SEU FILHO, KIM JONG IL, PELO QUE NÃO ME ATREVERIA GARANTIR REFERIDOS EFEITOS AO CANDIDATO PREFERIDO.

2 - *RELAÇÕES BILATERAIS*

SUBLINHOU QUE NOSSAS RELAÇÕES SE DESENVOLVIAM AMBIENTE GRANDE AMIZADE E COM ALGUM DINAMISMO ECONÓMICO, PARTICULARMENTE, DOMINIO NAVAL E PESCAS.

PRESIDENTE KIM IL SUNG HAVIA DADO CLARAS INSTRUÇÕES FOMENTAR RELAÇÕES COM NOSSO PAÍS EM TODOS DOMÍNIOS E QUE ENCERRAMENTO PROVISÓRIO EMBAIXADA LISBOA SÓ TINHA ORIGEM DIFICULDADES ORÇAMENTAIS E QUE SE INTEGRAVA FECHO CERCA 14 MISSÕES.

AFIRMOU SER DESEJO KIM JONG IL NORMALIZAR RELAÇÕES COM TODA UE E GOSTARIAM CONTÁR APOIO PORTUGAL, PAÍS COM QUEM TEEM RELAÇÕES HA 20 ANOS. NESSE SENTIDO PEDIA-ME MINHA COLABORAÇÃO

PESSOAL E QUE VIESSE COM FREQUENCIA PYONGYANG FIM MANTER DIALOGO CONTINUADO.

PEDIU-ME TRANSMITISSE SEUS CUMPRIMENTOS MINISTRO DURÃO BARROSO.

2 - *RELAÇÕES COM EUA*

ABORDEI ESTE TEMA E PERGUNTEI-LHE COMO ENCARAVA CONTINUAÇÃO NEGOCIAÇÕES E PRESPECTIVAS A LONGA PRAZO.

MEU INTERLOCUTOR ELABOROU ARGUMENTAÇÃO SEGUNDO SEGUINTES LINHAS

- ACORDO FORA ASSINADO EM NOVEMBRO 94 ERA PUBLICO E NÃO CONTINHA DISPOSIÇÕES SECRETAS

- COREANOS ESTAREM DAR TOTAL CUMPRIMENTO MESMO.

- ASSUNTOS ACTUALMENTE EM DISCUSSÃO ERAM ABERTURA ESCRITÓRIO REPRESENTAÇÃO AMERICANO EM PYONG YANG (QUE DECORRIA NORMALMENTE) E QUESTÃO REACTORES .

QUANTO ESTE ÚLTIMO, QUERIA ENFATIZAR NÃO TER SIDO INICIATIVA COREANA. FEZ LARGA DEFESA FAMOSA FILOSOFIA JONGCHE, PRINCIPIO HUMANISTICO BASE AUTOSUFICIENCIA NA DEFESA E NA ECONOMIA COMO PRESSUPOSTOS PROPRIA INDEPENDENCIA E SOBERANIA.

DESENVOLVIMENTO ECONÓMICO E COMPLEXIDADE INDUSTRIA MOSTRARAM INSUFICIENCIA FONTES TRADICIONAIS ENERGIA DE ORIGEM HIDRAULICA E A CARVÃO. NESTE CONTEXTO, COREIA RECORREU ENERGIA NUCLEAR DADO TEREM BASTANTE URANEO.

OUTROS PAÍSES TEMERAM QUE PRODUÇÃO EXGAERADA PLUTÓNIO PUDESSE CONSTITUIR AMEAÇA E EXIGIRAM PASSASSEM REACTORES AGUA LEVE.

ACEITARAM DESDE QUE RECEBESSEM AJUDA PARA FASE TRANSIÇÃO FACTO QUE FOI ACEITE PELOS EUA. ACORDOS GENEVE ORIGINARAM ENCONTROS ENTRE TECNICOS AMBAS PARTES SOBRE TIPO REACTORES NECESSARIOS.

VICE PM ACRESCENTOU ESTAR CONVENCIDO QUE WASHINGTON ESTÁ REALMENTE EMPENHADO ENCONTRAR SOLUÇÃO, MAS COREIA SUL CONSTITUI TRAVÃO IMPORTANTE. " TEME SER EXCLUIDA DUM ENTENDIMENTO ENTRE NÓS E OS AMERICANOS, MAS ESTOU OPTIMISTA QUE ENCONTRAREMOS UMA SOLUÇÃO ".

3 - *KEDO E UE*

ANEXOS

ABORDEI PROBLEMA KEDO E O QUE MEU INTERLOCUTOR PENSAVA PARTICIPAÇÃO UE OU ALGUNS SEUS E.M. NAQUELE CONSORCIO.

RESPONDEU-ME SABER QUE OS " FAMOSOS REACTORES SUL COREANOS NÃO EXISTEM ". HA PROJECTOS DE CONSTRUÇÃO SOB LICENÇA AMERICANA. CONSIDERAM QUE POR RAZÕES SEGURANÇA SÓ ACEITAM ESSES REACTORES SE ELES VIEREM SER ACABADOS E CONTROLADOS PELA EMPRESA MÃE AMERICANA.

SEU GOVERNO VIA PARTICIPAÇÃO UE KEDO COMO MUITO IMPORTANTE, TANTO MAIS QUE SUA PREFERENCIA IA PARA REACTORES ALEMÃES MARCA SIEMENS. CONCORDAVA, DE RESTO, TOTALMENTE COM PAÍSES EUROPEUS EXIGIAM MAIOR PODER DECISÃO PARA ENTRAREM KEDO FORMA MAIS SUBSTANCIAL

COMENTÁRIO

ENTREVISTA DECORREU AMBIENTE GRANDE ABERTURA E SIMPATIA. PARECE MANIFESTO INTERESSE PYON YANG CONTAR COM NOSSO PAÍS, A QUEM NÃO POUPAM ELOGIOS DA SUA HISTÓRIA E LUTA PELA INDEPENDENCIA COMO DAS POSIÇÕES ASSUMIMOS SEIO UE , SENTIDO AJUDARMOS NORMALIZAÇÃO RELAÇÕES COM UE.

MODO HOJE SE REFEREM EUA E OCIDENTE É SINAL EVIDENTE PROFUNDA MUDANÇA POLÍTICA EXTERNA COREANA E QUE DIFICILMENTE SE ENTENDE COMO A IRÃO CONCILIAR COM A MANUTENÇÃO DUMA SITUAÇÃO DE ISOLAMENTO MÍSTICO E PATOLÓGICO, NA VERTENTE INTERNA.

COMO REFIRO NOUTRAS COMUNICAÇÕES, JULGO PODERIAMOS APROVEITAR POLÍTICA E TALVEZ ECONÓMICAMENTE SE SOUBERMOS GERIR ESTE PEQUENO " LEVERAGE " QUE POSSUIMOS.

REFIRA-SE QUE ME FOI DITO POR COLEGA CUBANO RESIDENTE EM PYONGYANG QUE VICEPM KIM YONG NAM PODERÁ VIR SER FUTURO PRESIDENTE REPUBLICA DENTRO DUM CENÁRIO EM QUE KIM JONG IL SÓ FICARIA CHEFE SUPREMO FORÇAS ARMADAS E PARTIDO.

DUARTE JESUS

ANEXO 5

Apontamento de conversa com o vice-ministro dos Negócios Estrangeiros norte-coreano, a 18 de maio de 1995

ANEXOS

PRI

AO

DIFUSÃO: SEUL-WASHINGTON-TOQUIO

ASSUNTO:CONVERSA COM VICE MINISTRO ESTRANGEIROS COREANO

AD.TEL.SOBRE IDA A PYONG YANG. AVISTEI-ME COM VICE MINISTRO ESTRANGEIROS, DURANTE CERCA 1H,30, TENDO-O POSTERIORMENTE CONVIDADO PARA JANTAR COM SUA MULHER E OUTRAS PERSONALIDADES COREANAS, NOMEADAMENTE, DG EUROPA.

SALIENTO SEGUINTES ASPECTOS POSIÇÕES MEU INTERLOCUTOR:

1 - COMEÇOU POR FAZER UM HISTORIAL ACONTECIMENTOS DESDE MEADAS SECULO PASSADO E SUCESSIVAS "COLONIZAÇÕES" ESTRANGEIRAS, PARTICULARMENTE, RUSSA, CHINESA OU JAPONESA. REFERIU COLONIZAÇÃO JAPONESA, DESDE 1905, QUE DEIXOU MARCAS INESQUECIVEIS POVO COREANO. JAPAÃO É INIMIGO HISTÓRICO NUMERO UM.

EUROPA E EUA TENTARAM, VARIAS VEZES, EM VÃO AJUDAR COREIA CONTRA JAPÃO.

MOVIMENTO KIM IL SUNG, INICIADO POR SEU PAI, MOBILIZOU TODO POVO LUTA ANTI NIPÓNICA REUNINDO TODOS MOVIMENTOS ANTI JAPONESES. MAIS TARDE, FILOSOFIA JONG CHE, VEIU DAR CORPO MOVIMENTO NACIONALISTA E DAR ORGULHO NACIONAL.

EM 1945, PAÍS ESTAVA MESMAS CONDIÇÕES QUE MUITOS PAÍSES DA AFRICA OU DOS MAIS SUBDESENVOLVIDOS DA ASIA. KIM IL SUNG SOUBE APROVEITAR CIRCUNSTANCIAS. GUERRA COREIA ARRASOU TOTALIDADE PYONG YANG.

RECUPERAÇÃO CIDADE DUROU 2 ANOS E EM 14 ANOS ATINGIRAM SITUAÇÃO DE INDEPENDENCIA ECONÓMICA.

SOCIALISMO ESTILO COREANO NADA TINHA A VER COM PAÍSES LESTE EUROPEU OU CHINA. CARACTERIZAVA-SE POR UM DESENVOLVIMENTO INFERIOR AO DO OCIDENTE E "COM MENOS DIVERSIDADE DE VIDA", MAS TINHAM CONSEGUIDO UMA SOCIEDADE SEM DESEMPREGO, SEM BANDITISMO, SEM ALCOOLISMO, SEM PROSTITUIÇÃO E SEM DROGAS. COM SAUDE GRATUITA PARA TODOS E HOJE ESCOLARIDADE GRATUITA E OBRIGATÓRIA PARA 11 ANOS TODA POPULAÇÃO. TUDO ISTO TERÁ UM

PREÇO AOS OLHOS OCIDENTAIS, MAS QUE ELE JULGAVA JUSTO. NADA DISTO OS PAÍSES DO CHAMADO LESTE HAVIAM CONSEGUIDO.

2 - KIM JONG IL ESTÁ A CABEÇA PARTIDO E FORÇAS ARMADAS E NÃO HAVERÁ MODIFICAÇÕES LINHA POLÍTICA EXTERNA.

ESTES FACTOS CRIAM ALGUMA INDIFERENÇA ÀS AMEAÇAS OU PRESSÕES.

COMO PORTUGAL, É PAÍS PEQUENO, MAS APRECIA INDEPENDENCIA E DIGNIDADE NACIONAL. SÓ ESSA PERMITIU SENTAREM-SE À MESA COM AMERICANOS E ASSINAREM UM ACORDO, O QUE HA ALGUNS ANOS TERIA SIDO IMPOSSIVEL.

GRANDE PARTE PAÍSES OCIDENTAIS, OLHAM PRIMEIRO PARA EUA ANTES FAZEREM QUALQUER COISA COM COREIA NORTE. PORTUGAL FAZ PARTE DOS POUCOS " QUE SEGUE LINHA INDEPENDENTE. COREIA NUNCA ESQUECE SEUS AMIGOS DE LONGA DATA".

3 - COREIA DO NORTE NÃO MENDIGA RELAÇÕES, MAS É UM PAÍS ABERTO TODOS POVOS E TEM UMA POLÍTICA EXTERNA ABERTA.

"SEM MENDIGAR" ACHA IMPORTANTE NORMALIZAR RELAÇÕES COM PAÍSES UE, JULGA PORTUGAL PODERÁ AJUDAR NESTA TAREFA.

4 - REFERIU 20 ANOS DE RELAÇÕES BILATERAIS. AMBOS TERMOS POLÍTICAS INDEPENDENCIA - MESMO ESTANDO NA UE - DEVEMOS COLABORAR MAIS E AUMENTAR DIALOGO POLÍTICO, ESTREITANDO O CLIMA EXISTENTE SEM NUNCA ABDICARMOS NOSSAS DIFERENÇAS.

PEDIU-ME TRANSMITISSE ESTAS MENSAGENS GOVERNO PORTUGÊS E QUE VIESSE COM FREQUENCIA AO SEU PAÍS.

5 - QUANTO REUNIFICAÇÃO MOSTROU-SE EXTREMAMENTE OPTIMISTA. QUANDO DEFENDIA A TESE DE QUE A COREIA TINHA ANTECEDIDO A CHINA AO CONCEBER UM PAÍS COM DOIS SISTEMAS DISTINTOS, JUNTOS NUMA CONFEDERAÇÃO, PERGUNTEI-LHE COMO VIA O CASO DE HONG KONG E MACAU PODEREM INFLUENCIAR O PROCESSO DE REUNIFICAÇÃO. RETURQUIU, RINDO, DE QUE A REUNIFICAÇÃO DA COREIA É QUE PODERIA INFLUENCIAR OS OUTROS DOIS, POIS CERTAMENTE OS PRECEDERIA NO TEMPO. LEMBROU, A PROPÓSITO, AS DECLARAÇÕES DE KOHL TRES MESES ANTES DA REUNIFICAÇÃO DA ALEMANHA.

SUBLINHOU QUE TUDO DEPENDERÁ MUITO DOS ESTADOS UNIDOS E DA INFLUENCIA NEGATIVA DO JAPÃO QUE TEME VER REUNIFICAÇÃO DA PENINSULA E ASSIM A FPRMAÇÃO DUM TERCEIRO PODER ECONÓMICO NA REGIÃO. CURIOSAMENTE NÃO REFERIU O QUE A PROPRIA CHINA PENSA DESSA REUNIFICAÇÃO, QUE CERTAMENTE DESEJA SE PASSE DE MODO A ESTE PAÍS NÃO PERDER CERTO CONTROLO ECONÓMICO SOBRE

ANEXOS

PROCESSO. NESSE SENTIDO DEVERÁ SER VISTA A APROXIMAÇÃO CLARA DPEQUIM A SEUL.

ACRESCENTOU QUE PYON YANG ESTÁ DISPOSTA A INICIAR CONVERSAÇÕES, EM QUALQUER ALTURA E A QUALQUER NÍVEL COM SEUL, DESDE QUE SEJA GARANTIDA A DESNUCLEARIZAÇÃO DA PENINSULA.

DUARTE JESUS

ANEXO 6

Nota oficial norte-coreana afirmando apoiar a candidatura de Portugal para o Conselho de Segurança da ONU

ANEXOS

MINISTERE DES AFFAIRES ETRANGERES DE LA
REPUBLIQUE POPULAIRE DEMOCRATIQUE DE COREE

No 2 38

Le Ministère des Affaires Etrangères de la République Populaire Démocratique de Corée présente ses compliments au Ministère des Affaires Etrangères de la République du Portugal et a l'honneur de l'informer de la position du Gouvernement de la République Populaire Démocratique de Corée en ce qui concerne la candidature du Portugal au Conseil de sécurité de l'ONU comme membre non-permanent pour 1997-1998.

Le Gouvernement de la République Populaire Démocratique de Corée s'en tient invariablement à la politique extérieure consistant à développer entre les nations des relations amicales fondées sur le maintien de la paix et de la sécurité mondiales et sur le respect de la souveraineté.

C'est dans cette position que le Gouvernement de la République Populaire Démocratique de Corée affirme son soutien à la candidature du Portugal au Conseil de sécurité comme membre non-permanent pour 1997-1998 tout en demeurant persuadé que la République du Portugal s'attachera aux activités visant à démocratiser l'ONU et à défendre les intérêts des petits et moyens pays au sein de l'ONU.

Le Ministère des Affaires Etrangères de la République Populaire Démocratique de Corée exprime sa conviction que les relations d'amitié et de coopération existant entre nos deux pays se développeront et s'élargiront davantage dans tous les domaines et saisit cette occasion pour renouveler au Ministère des Affaires Etrangères de la République du Portugal les assurances de sa très haute considération.

Pyongyang, le 14 juin 1996

MINISTERE DES AFFAIRES ETRANGERES
DE LA REPUBLIQUE DU PORTUGAL

Lisbonne

ANEXO 7

**Informação da CIA, de 18 de março de 1993,
sobre a Coreia do Norte**

ANEXOS

3464

(b)(1)
(b)(3)

Top Secret Ⓜ

CIA/CPAS NID 93-063JX

Director of Central Intelligence

NATIONAL INTELLIGENCE DAILY

Thursday, 18 March 1993

APPROVED FOR RELEASE
DATE: MAR 2004

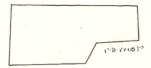

CPAS NID 93-063JX
18 March 1993

COREIA DO NORTE – A ÚLTIMA DINASTIA KIM

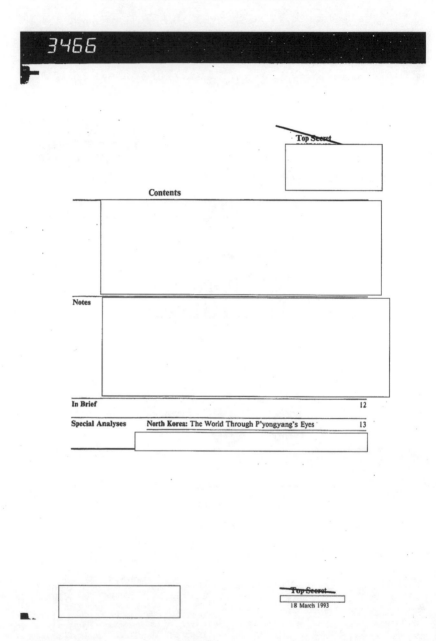

Top Secret

Contents

Notes

In Brief   12

Special Analyses   North Korea: The World Through P'yongyang's Eyes   13

Top Secret
18 March 1993

136

ANEXOS

`3488`

Top Secret

Special Analysis

NORTH KOREA: **The World Through P'yongyang's Eyes**

North Korea's reversion to a hardline stance toward the IAEA and the West is rooted both in the regime's view that in international relations compromise equates to capitulation and in the leadership's personal stake in standing up to perceived adversaries.

P'yongyang continues to behave in ways that are counterproductive to its desperate need for Western economic assistance. It probably hopes that allowing some IAEA inspections and signing a reconciliation accord with Seoul would help it overcome international concerns about its offensive military posture, its export of missiles and missile technology, and its suspected nuclear weapons program. Once it became clear that this approach would fail, the North had to choose between pushing forward with fundamental changes or reversing course.

P'yongyang's reversion to a hard line probably was driven by its historical view of the world. North Koreans see themselves as surrounded by larger powers that seek to manipulate them. They mistrust the outside world and view international relations as a win-lose game in which they hold a weak hand. As a result, the country's leaders have historically tried to counter pressure with a belligerent defensiveness.

This perspective also has a domestic political dynamic. President Kim Il-song and his son, Armed Forces Supreme Commander Kim Chong-il, probably see foreign pressure as a personal test, particularly since the collapse of Communism in Eastern Europe and what was the Soviet Union. To an extreme degree, they have staked their legitimacy on defending North Korea against its adversaries. In this environment, it is not surprising that, under pressure from the IAEA, they returned to a hardline approach.

This dynamic probably was particularly powerful for the younger Kim, who may be seeking a symbolic victory over Korea's "enemies." He is deeply aware that his father's mythicized anti-Japanese struggle is the cornerstone of Kim Il-song's political legitimacy. By standing firm against the IAEA and the US–South Korean Team Spirit exercise, he may have hoped to convince his critics that he can be entrusted with the country's future, particularly in view of his close identification with failing economic policies and fruitless overtures to the West, as well as signs of growing public dissatisfaction and rumors of military opposition.

Top Secret

13   18 March 1993

ANEXO 8

Conversações entre Madeleine Albright e Kim Jong-il, tidas a 23 e a 24 de outubro de 2000, segundo o livro de Madeleine Albright *Madame Secretary*

ANEXOS

Discussions between Secretary of State Madeleine Albright and North Korean Leader Kim Il Jong, October 22-25, 2000 Source: Madeleine Albright, *Madam Secretary* (Miramax Books, 2003), pages as cited.

Discussions on the First Day: 10-23-2000 –

At the start of the first meeting between Albright and Kim, the Korean leader adopted a friendly and conciliatory tone, thanking Albright for Clinton's condolence message when Kim Il Sung died and for U.S. humanitarian assistance. The following statement demonstrates Kim's approach - "If both sides are genuine and serious ... there is nothing we will not be able to do."

Early in the first meeting, Albright turned the discussion to the matter of North Korea's export of missiles and the U.S. desire to get an agreement curtailing these sales as a precondition to any summit meeting between Kim and President Clinton. Kim claimed that North Korea was selling missiles to Syria and Iran to earn foreign currency that the country needed, and remarked, "So it's clear, since we export to get money, if you guarantee compensation, it will be suspended."

Albright: "Mr. Chairman, we've been concerned about your intentions for fifty years, and so we have been concerned about your production of missiles. And now you say it is just to earn foreign currency."

Kim: "Well, it's not just foreign currency...We also arm our military as part of our self-reliance program." Noting North Korea's concerns over South Korea's military, Kim said, "if there is an assurance that South Korea will not develop five-hundred-kilometer-range missiles, we won't either. As for the missiles already deployed, I don't think we can do much about them. You can't go inside the units and inspect them, but it's possible to stop production. It's been ten years since the collapse of the USSR, the opening of China, and the disappearance of our military alliance with either country. The military wants to update its equipment, but we won't give them new equipment. If there's no confrontation, there's no significance to weapons. Missiles are now insignificant." [page. 463]

Following this first meeting, Kim told Albright that he had changed the program for the evening: I have changed the entertainment. We have prepared a spectacular program in May Day Stadium that will help you understand North Korean culture and arts. The Western world things we are belligerent, and the U.S. has a lot of misunderstanding about us. It is important to know us directly. You can relax and enjoy it." [page. 464]

Part of that evening's program included the depiction of a Taepo Dong missile launch, as a demonstration of North Korea pride over the 1998 test of this missile. During the applause, Kim told Albright, "That was our first missile launch – and our last." [page 464]

Conversation at the state dinner that evening tended to be non-substantive, based on Albright's account, dealing with Kim's use of computers, the relative proficiency of North and South Korean interpreters, and Kim's well-known passion for the cinema. [see discussion on page 465]

COREIA DO NORTE – A ÚLTIMA DINASTIA KIM

Discussions on the Second Day – 10-24-2000

During the second official meeting between Albright and Kim on the afternoon of October 24th, the discussions included Kim's replies to a list of questions the U.S. side had presented earlier to try to pin down Pyongyang on the proposed ban on missile exports. As he had the previous day, Kim proved very agreeable, accepting all the U.S. desired positions on the ban. The discussion turned to the long-vexing issue for North Korea of U.S. troops in South Korea. Kim said that his regime's position on this had changed since the end of the Cold War, and that they now saw the American forces as a stabilizing factor on the peninsula. Kim did warn Albright that his military was evenly split on the wisdom of improving ties with the U.S., and that there was opposition within the foreign ministry to his agreement to talk to the U.S.: "As in the U.s., there are people here with views different from mine, although they don't amount to the level of opposition you have. There are still some here who think U.S. troops should leave. And there are many in South Korea who are opposed to the U.S. presence as well." [page 465]

As the second meeting came to a close, Albright commented that she felt her discussions with Chairman Kim had increased their mutual understanding, to which Kim replied: "When the South Koreans came, I asked whether they were looking for horns on my head. They said no. Yes, there were a lot of misunderstandings between us. For example, we did not educate our children right. Our children were taught to call your countrymen 'American bastards' instead of just 'Americans.'" [page 466]

During the final joint dinner the second day of Albright's visit, the talk with Kim turned to economic matters. `The North Korean leader admitted that his country was in "dire straits" (Albright's words), rooted in its severe energy shortage. When Albright asked Kim if he would consider opening his economy to the world, Kim answered: "What do you mean by 'opening'? We will have to define the term first, because opening means different things to different countries. We do not accept the Western version of opening. Opening should not harm our traditions." Kim rejected the Chinese approach of combing free markets and socialism, but admitted to being interested in the Swedish model. Pressed by Albright to name other models of economic development, Kim noted that, "Thailand maintains a strong traditional royal system and has preserved its independence through a long, turbulent history, yet has a market economy. I am also interested in the Thai model." Commenting on this in her memoirs, Albright suspected that it might be Thailand's preservation of the monarchy that interested Kim more than its economic system. [page. 466]

ANEXO 9

**Longo telegrama da missão diplomática norte-americana
em Genebra sobre o estado das conversações bilaterais
EUA/Coreia do Norte, de agosto de 1994 (Ref. 225927)**

ANEXOS

UNCLASSIFIED

Current Class: CONFIDENTIAL   Page: 1
Current Handling: n/a
Document Number: 1994STATE225927   Channel: n/a

Case Number: 200302142   (E15)

<<<>>>
                                                RELEASED IN PART
PAGE 01   STATE   225927   222335Z   B1, 1.4(B), 1.4(D)
ORIGIN PM-00

INFO   LOG-00   ACDA-17   ACDE-00   AF-01   AIT-03   AMAD-01   ARA-01
       AS-01   A-01   CEQ-00   CIAE-00 OASY-00 DODE-00   DOEE-00
       ANHR-01 EAP-01   EB-01   EUR-01   FSI-00   H-01   TEDE-00
       INR-00   IO-16   L-01   ADS-00   MMP-00   M-00   NEA-01
       NRC-01   NRRC-00   NSAE-00   NSCE-00 OES-09   OIC-02   OIG-04
       OMB-01   PA-01   PRS-01   P-01   DTSP-00 SNP-00   SP-00
       SS-00   TRSE-00   T-00   USIE-00 SA-01   EPAE-00   SNIS-00
       NISC-02 SSD-01   PMB-00   SSAH-00 DRL-09   G-00   /081R

DRAFTED BY: PM/P:NJRASMUSSEN:NXR
APPROVED BY: PM:RLGALLUCCI
EAP/K:DBROWN   EUR/ISCA:KFORDER   P:BHALL
T:JBARKER   OSD:SLOEFFLER
JCS:KSANDKUHLER   NSC:ADSENS
S/S:CBARRY   S-O:DSTEWART   ACDA:WSTERN/MROSENTHAL
              ------------------6A700A   222337Z /38
O 222333Z AUG 94
FM SECSTATE WASHDC
TO ALL DIPLOMATIC AND CONSULAR POSTS IMMEDIATE

C O N F I D E N T I A L STATE 225927

E.O. 12356: DECL: OADR
TAGS: KS, KN, PREL, MNUC, KNNP, IAEA, PARM
SUBJECT: RESULTS OF U.S.-DPRK TALKS IN GENEVA

REF: GENEVA 7080

                    CONFIDENTIAL

PAGE 02   STATE   225927   222335Z
1. CONFIDENTIAL - ENTIRE TEXT.

2. AS APPROPRIATE, POSTS SHOULD BRIEF HOST GOVERNMENT
OFFICIALS ON THE RESULTS OF TALKS HELD IN GENEVA AUGUST
5-12 BETWEEN U.S. AND DPRK REPRESENTATIVES. POSTS SHOULD
DRAW ON THE TALKING POINTS IN PARA 3 WHEN MAKING THEIR
PRESENTATIONS. REFTEL PROVIDED POSTS WITH THE TEXT OF THE
AGREED STATEMENT ISSUED BY THE US AND DPRK DELEGATIONS AT
THE CONCLUSION OF THE MEETINGS IN GENEVA.

3. BEGIN TALKING POINTS.

Current Class: CONFIDENTIAL   Page: 1

UNITED STATES DEPARTMENT OF STATE
REVIEW AUTHORITY: DONALD A JOHNSTON
DATE/CASE ID: 14 JUL 2004 200302142

UNCLASSIFIED

COREIA DO NORTE – A ÚLTIMA DINASTIA KIM

UNCLASSIFIED

Current Class: CONFIDENTIAL
Current Handling: n/a
Document Number: 1994STATE225927

Page: 2

Channel: n/a

Case Number: 200302142

-- THE TALKS RECENTLY HELD IN GENEVA REPRESENT AN
IMPORTANT STEP FORWARD IN OUR EFFORTS TO RESOLVE THE ISSUE
OF NORTH KOREA'S NUCLEAR WEAPONS PROGRAM.

-- THE PARTIES AGREED THAT THE ESSENTIAL ELEMENTS OF THE
NORTH'S NUCLEAR PROGRAM WILL REMAIN FROZEN WHILE TALKS ARE

UNDERWAY. THE JUNE 22 1994 KANG-GALLUCCI LETTER STATES
THAT "THE DPRK IS PREPARED NEITHER TO RELOAD THE 5 MW
EXPERIMENTAL REACTOR WITH NEW FUEL NOR TO REPROCESS THE
SPENT FUEL, AND TO PERMIT THE INSPECTIONS FOR THE
CONTINUITY OF SAFEGUARDS INCLUDING THE MAINTENANCE OF THE
PRESENCE OF IAEA INSPECTORS AND OF THE AGENCY'S
SURVEILLANCE EQUIPMENT IN PLACE AT THE YONGBYONG NUCLEAR
FACILITIES."

-- WHILE WE ARE ENCOURAGED BY THE PROGRESS MADE IN
GENEVA, A GREAT DEAL OF WORK REMAINS TO BE DONE, MUCH OF
IT BEFORE WE MEET AGAIN WITH THE DPRK BEGINNING ON
                    CONFIDENTIAL

PAGE 03   STATE   225927   222335Z
SEPTEMBER 23.

ELEMENTS OF THE AGREED STATEMENT

-- THE AGREED STATEMENT OF AUGUST 12 IDENTIFIED SEVERAL
ELEMENTS THAT SHOULD BE PART OF A FINAL RESOLUTION OF THE
NUCLEAR ISSUE.

-- THE DPRK STATED UNAMBIGUOUSLY THAT IT IS PREPARED TO
REPLACE ITS GRAPHITE-MODERATED REACTORS AND RELATED
FACILITIES WITH LIGHT WATER REACTOR POWER PLANTS. THAT
MEANS THAT AT THE APPROPRIATE TIME ALL FACILITIES RELATED
TO THE CURRENT GRAPHITE-MODERATED REACTORS WILL BE
DISMANTLED.

-- FOR OUR PART, WE DECLARED THAT WE ARE PREPARED TO
ARRANGE FOR THE PROVISION OF LWRS (TOTALLING APPROXIMATELY
2,000 MEGAWATTS (ELECTRIC)) TO THE DPRK AND TO ARRANGE FOR
INTERIM ENERGY ALTERNATIVES TO THE DPRK'S
GRAPHITE-MODERATED REACTORS.

-- THOSE ARRANGEMENTS WILL INVOLVE THE ESTABLISHMENT OF A
MULTILATERAL GROUP RESPONSIBLE FOR PROVIDING FINANCING AND
ENERGY TECHNOLOGY.

Current Class: CONFIDENTIAL   Page:

UNCLASSIFIED

ANEXOS

UNCLASSIFIED

Current Class: CONFIDENTIAL

Current Handling: n/a

Document Number: 1994STATE225927

Page: 3

Channel: n/a

Case Number: 200302142

-- ONCE THE U.S. HAS PROVIDED ASSURANCES FOR THE
PROVISION OF LWRS AND INTERIM ENERGY ALTERNATIVES, THE
DPRK WILL FREEZE CONSTRUCTION OF THE 50 AND 200 MEGAWATT
(ELECTRIC) REACTORS CURRENTLY UNDER CONSTRUCTION, FOREGO
REPROCESSING OF SPENT FUEL, SEAL THE RADIOCHEMICAL
LABORATORY (THEIR REPROCESSING FACILITY), AND ALLOW THAT
CONFIDENTIAL

PAGE 04   STATE   225927   222335Z
FACILITY TO BE MONITORED BY THE IAEA.

-- ALL OF THESE STEPS ARE PARTICULARLY IMPORTANT:

FREEZING CONSTRUCTION AND SEALING THE REPROCESSING
FACILITY WILL PREVENT THE FURTHER EXPANSION OF DPRK
CAPABILITIES TO PRODUCE NUCLEAR WEAPONS.

-- IN THE AGREED STATEMENT, WE AND THE DPRK ALSO SAID
THAT AS PART OF THE FINAL RESOLUTION OF THE NUCLEAR ISSUE
WE ARE PREPARED TO ESTABLISH DIPLOMATIC REPRESENTATION IN
EACH OTHER'S CAPITALS AND TO REDUCE BARRIERS TO TRADE AND
INVESTMENT, AS A MOVE TOWARD FULL NORMALIZATION.
REPRESENTATION WOULD INITIALLY TAKE THE FORM OF LIAISON
OFFICES. THIS WILL BE CLOSELY LINKED TO OVERALL PROGRESS
ON THE NUCLEAR ISSUE.

-- ON NORTH-SOUTH RELATIONS, THE DPRK STATED THAT IT
REMAINS PREPARED TO IMPLEMENT THE NORTH-SOUTH JOINT
DECLARATION ON THE DENUCLEARIZATION OF THE KOREAN
PENINSULA.

-- WE TOLD THE DPRK REPRESENTATIVE THAT THE U.S. IS
PREPARED TO PROVIDE THE THE DPRK WITH ASSURANCES AGAINST
THE THREAT OR USE OF NUCLEAR WEAPONS AGAINST IT BY THE U.S.

-- THE DPRK ALSO STATED THAT IT IS PREPARED TO REMAIN A
PARTY TO THE NPT AND TO ALLOW IMPLEMENTATION OF ITS
SAFEGUARDS AGREEMENT UNDER THE TREATY.

ADDITIONAL DETAILS
                 CONFIDENTIAL

PAGE 05   STATE   225927   222335Z

-- WE MADE IT VERY CLEAR THAT IMPLEMENTATION OF THE
NORTH-SOUTH DECLARATION REMAINS AN ESSENTIAL ELEMENT OF
ANY FINAL SETTLEMENT OF THE NUCLEAR ISSUE.

Current Class: CONFIDENTIAL

Page: 3

UNCLASSIFIED

COREIA DO NORTE – A ÚLTIMA DINASTIA KIM

UNCLASSIFIED

Current Class: CONFIDENTIAL
Current Handling: n/a
Document Number: 1994STATE225927

Page: 4

Channel: n/a

Case Number: 200302142

-- WE VIEW THIS AS REQUIRING THE ELIMINATION OF ANY
REPROCESSING OR ENRICHMENT FACILITIES IN THE DPRK.

-- WE VIEW THE PROSPECT OF SUBSTANTIAL ROK PARTICIPATION
IN THE LWR PROJECT AS AN ADDITIONAL FACTOR THAT CAN
CONTRIBUTE TO RECONCILIATION BETWEEN NORTH AND SOUTH.

-- WE WERE ENCOURAGED BY ROK PRESIDENT KIM YOUNG SAM'S
AUGUST 15 PLEDGE TO PROVIDE LWR TECHNOLOGY AND EQUIPMENT
TO THE DPRK IF THE NORTH TOOK THE STEPS NECESSARY TO
ENSURE THAT ITS NUCLEAR PROGRAM IS FULLY TRANSPARENT. WE
CONTINUE TO CONSULT CLOSELY WITH THE ROKG ABOUT ALL
ASPECTS OF NEGOTIATIONS.

-- OBVIOUSLY, THE RATE AND DISTANCE WE CAN PROCEDE
TOWARDS NORMALIZATION WITH NORTH KOREA IS TO AN EXTENT
DEPENDENT ON PARALLEL PROGRESS TOWARD A BETTER DPRK
RELATIONSHIP WITH ITS NEIGHBORS -- IN PARTICULAR THE
REPUBLIC OF KOREA.

-- CONCERNING THE NORTH'S AGREEMENT TO REMAIN A PARTY TO
THE NPT, WE BELIEVE THAT THE KEY IS THEIR AGREEMENT TO
ALLOW IMPLEMENTATION OF THEIR SAFEGUARDS AGREEMENT UNDER
THE TERMS OF THE TREATY.

-- WE VIEW THIS AS REQUIRING THE DPRK TO ACCOUNT FULLY
FOR ITS PAST PRODUCTION OF PLUTONIUM AND TO PERMIT SPECIAL
INSPECTIONS, NECESSARY.

-- THE NORTH HAS BEEN SAYING THAT IT WILL CONTINUE TO
RESIST SPECIAL INSPECTIONS, BUT THEY ARE AWARE OF OUR
POSITION THAT SPECIAL INSPECTIONS AND A FULL ACCOUNTING OF

Current Class: CONFIDENTIAL

Page

UNCLASSIFIED

ANEXOS

UNCLASSIFIED

Current Class: CONFIDENTIAL
Current Handling: n/a
Document Number: 1994STATE225927

Page: 5

Channel: n/a

Case Number: 200302142

PAST NUCLEAR ACTIVITY ARE ESSENTIAL ELEMENTS OF A FINAL
SOLUTION TO THE NUCLEAR ISSUE.

-- THE TIMING OF SPECIAL INSPECTIONS IS A MATTER THAT
COULD BE NEGOTIATED WITH THE DPRK. BUT A FULLY
IMPLEMENTED SAFEGUARDS AGREEMENT WILL BE ESSENTIAL BEFORE
CONSTRUCTION OF LWRS CAN BEGIN.

-- AS FOR THE SPENT NUCLEAR FUEL, WE CONTINUE TO BELIEVE
THAT REMOVING THE FUEL FROM NORTH KOREA WOULD BE THE BEST
COURSE.

-- THE DPRK DELEGATION WOULD NOT AGREE TO THIS STEP AND
CONFIDENTIAL

PAGE 07   STATE   225927   222335Z
PROPOSED THAT THE FUEL BE STORED IN NORTH KOREA. THIS IS
AN ISSUE THAT WE WILL CONTINUE TO PURSUE WHEN TALKS RESUME
IN SEPTEMBER.

-- LASTLY, THE NORTH AGREED TO CONTINUE THE FREEZE ON

THEIR NUCLEAR PROGRAM THROUGH THE NEXT SET OF TALKS IN
SEPTEMBER.

-- THE DPRK DELEGATION INITIALLY INSISTED THAT IT WAS
IMPERATIVE THAT THEY REFUEL THE 5 MW REACTOR IMMEDIATELY.

-- WE MADE IT CLEAR TO THEM THAT TAKING SUCH A STEP WOULD
LEAD THE INTERNATIONAL COMMUNITY TO DOUBT THEIR COMMITMENT
TO RESOLVING THE NUCLEAR ISSUE AND SEVERELY UNDERMINE THE
BASIS FOR OUR DIALOGUE.

NEXT STEPS

-- BEFORE WE MEET AGAIN ON SEPTEMBER 23, WE WILL BE
PROPOSING EXPERTS LEVEL DISCUSSIONS WITH DPRK COUNTERPARTS
ON A NUMBER OF SUBJECTS. .

-- WE WILL DISCUSS WITH THEM STEPS NECESSARY FOR THE
ESTABLISHMENT OF DIPLOMATIC RELATIONS.

-- WE WILL ALSO INVITE DPRK EXPERTS TO VISIT THE U.S. TO
DISCUSS THE DETAILS OF THE PROJECT TO PROVIDE LWR
TECHNOLOGY AND EQUIPMENT TO THE DPRK, INCLUDING FINANCIAL
ARRANGEMENTS, U.S. LEGAL AND REGULATORY CONSIDERATIONS,
AND THE STRUCTURE OF AN INTERNATIONAL CONSORTIUM.

Current Class: CONFIDENTIAL

Page: 5

UNCLASSIFIED

COREIA DO NORTE – A ÚLTIMA DINASTIA KIM

UNCLASSIFIED

Current Class: CONFIDENTIAL
Current Handling: n/a
Document Number: 1994STATE225927

Page: 6

Channel: n/a

Case Number: 200302142

CONFIDENTIAL

PAGE 08   STATE   225927   222335Z

-- WE ARE ALSO PREPARED TO ALLOW DPRK NUCLEAR EXPERTS TO
VISIT LWR FACILITIES IN THE U.S. TO BEGIN THE PROCESS OF
FAMILIARIZATION WITH THIS TECHNOLOGY.

-- WE PLAN EXPERT LEVEL DISCUSSIONS ON THE PROVISION OF
CONVENTIONAL ENERGY TO THE DPRK.

-- WE WILL ALSO HOLD EXPERT LEVEL TALKS ON THE SAFE
STORAGE AND DISPOSITION OF THE SPENT FUEL IN THE DPRK.

-- WE HOPE TO HAVE MADE PROGRESS ON ALL THESE ISSUES
BEFORE A/S GALLUCCI AND HIS DPRK COUNTERPART MEET AGAIN IN
GENEVA ON SEPTEMBER 23.

-- WE WILL CONSULT WITH OUR ALLIES AND OTHER INTERESTED
GOVERNMENTS PRIOR TO THE RESUMPTION OF U.S.-DPRK TALKS IN
GENEVA TO ENSURE WE HAVE A COMMON UNDERSTANDING OF OUR
OBJECTIVES IN THE NEGOTIATIONS.

CONCLUDING REMARKS

-- WE ARE ENCOURAGED BY THE PROGRESS MADE IN GENEVA BUT
FULLY AWARE THAT MUCH HARD WORK REMAINS TO BE DONE BEFORE
THE NUCLEAR ISSUE IS SOLVED.

-- THE VARIOUS ELEMENTS OF A FINAL SETTLEMENT CAN BEST BE
COMPARED TO A PUZZLE. AT THIS POINT, WE HAVE MANY OF
THOSE PIECES, BUT NOT ALL OF THEM.

-- THE SEQUENCING OF THESE ELEMENTS IS ALSO CRITICAL.
CONFIDENTIAL

PAGE 09   STATE   225927   222335Z
CERTAIN STEPS WILL HAVE TO BE CAREFULLY SEQUENCED AND WE
MUST BE FULLY CONFIDENT OF DPRK PERFORMANCE IN MEETING
THEIR COMMITMENTS TO US, INCLUDING NPT SAFEGUARDS
OBLIGATIONS AND IMPLEMENTATION OF THE N/S DECLARATION,
BEFORE MOVING AHEAD WITH AN LWR PROJECT.

-- WE WILL KEEP YOU INFORMED AS OUR TALKS PROGRESS.
TALBOTT

CONFIDENTIAL

Current Class: CONFIDENTIAL

Page:

UNCLASSIFIED

ANEXO 10

Declaração conjunta entre o presidente da Coreia do Sul, Kim Dae-jung, e o Líder Supremo da República Popular Democrática da Coreia, Kim Jong-il, de junho de 2000

ANEXOS

In accordance with the noble will of the entire people who yearn for the peaceful reunification of the nation, President Kim Dae-jung of the Republic of Korea and Supreme Leader Kim Jong-il of the Democratic People's Republic of Korea held a historic meeting and summit talks in Pyongyang from June 13 to 15, 2000.

The leaders of the South and the North, recognizing that the meeting and the summit talks were of great significance in promoting mutual understanding, developing South–North relations and realizing peaceful reunification, declared as follows:

1. The South and the North have agreed to resolve the question of reunification independently and through the joint efforts of the Korean people, who are the masters of the country.

2. For the achievement of reunification, we have agreed that there is a common element in the South's concept of a confederation and the North's formula for a loose form of federation. The South and the North agreed to promote reunification in that direction.

3. The South and the North have agreed to promptly resolve humanitarian issues such as exchange visits by separated family members and relatives on the occasion of the August 15 National Liberation Day and the question of unswerving Communists serving prison sentences in the South.

4. The South and the North have agreed to consolidate mutual trust by promoting balanced development of the national economy through economic cooperation and by stimulating cooperation and exchanges in civic, cultural, sports, health, environmental and all other fields.

5. The South and the North have agreed to hold a dialogue between relevant authorities in the near future to implement the above agreements expeditiously.

President Kim Dae-jung cordially National Defence Commission Chairman Kim Jong-il to visit Seoul, and Chairman Kim Jong-il will visit Seoul at an appropriate time.

(signed) Kim Dae-jung, President, The Republic of Korea

(signed) Kim Jong-il, Chairman, Supreme Leader, The Democratic People's Republic of Korea